# 江戸の敏腕プロデューサー
# 蔦屋重三郎。
# 略して「蔦重」。

**時代の追い風を受けてヒット作を連発、一世を風靡した「江戸のメディア王」の波瀾万丈の人生とは――？**

一流版元が軒を連ねる日本橋に「耕書堂」をオープン。

「時代と寝る男」蔦重の周りには名だたる文化人たちのネットワークが広がっていた。

『画本東都遊　3巻』
国立国会図書館蔵

『箱入娘面屋人魚（部分）』
国立国会図書館蔵

## 二人の天才——

# 喜多川歌麿

「美人大首絵」の最高傑作。蔦重は歌麿を吉原遊郭に通わせ、女性らしい所作を徹底的に観察させた。蔦重の「先行投資」が生き、趣向を凝らした歌麿の美人画は江戸っ子の心をわしづかみにした。

喜多川歌麿『歌撰戀之部』「深く忍恋」ColBase

## ――蔦屋重三郎が見出した
# 東洲斎写楽

東洲斎写楽の衝撃デビュー作のうちの1枚。蔦重はまったく無名の「謎の絵師」による豪華な役者絵を一挙に28枚も発表する派手な演出で江戸中の話題をさらった。

東洲斎写楽「三代目大谷鬼次の江戸兵衛」ColBase

華やかな花魁道中で知られ、
一日に千両のお金が落ちる街——
吉原遊郭。

男たちの欲望を満たす遊興の場であり
武家や豪商、文人墨客が集う
文化サロンでもあった吉原で
蔦重は数多の煌めく才能と出会い
自分のなすべき使命を見つけていった——

喜多川歌麿の肉筆画大作「雪月花」三部作のうちの一つ
「吉原の花（部分）」（高精細複製画）　栃木市立美術館蔵
（原本：ワズワース・アセーニアム美術館蔵）

# 眠れないほどおもしろい
# 蔦屋重三郎

板野博行

三笠書房

転んでも、ただでは起きない――
稀代の出版プロデューサー
# 蔦屋重三郎
とは何者なのか？

# はじめに

# 江戸のメディア王「蔦重」の生きざまに迫る！

いきなりですが、クイズです。

**写楽《しゃらく》、喜多川歌麿《きたがわうたまろ》、山東京伝《さんとうきょうでん》に共通しているのは何でしょう？**

絵師？　そう、当たりです（京伝は戯作者《げさくしゃ》でもありますが）。でも、もう一つ共通しているのは、その三人をプロデュースした人物なのです。

その人物こそ、この本の主人公**「蔦屋重三郎《つたやじゅうざぶろう》」**です。

多くの文人墨客《ぶんじんぼっかく》と交流して次々と本や浮世絵《うきよえ》のヒット作を出した江戸文化の仕掛け人こと、蔦屋重三郎、略して蔦重《つたじゅう》。その人生は、吉原遊郭《よしわらゆうかく》とともにありました。

時は江戸の中期、田沼《たぬま》時代（一七六七～八六）。賄賂《わいろ》政治と批判され、バブルに踊ったその時期、一日に千両のお金が落ちる町、「日千両《ひせんりょう》」と江戸っ子が自慢した遊里の吉原は、華やかな花魁《おいらん》道中や季節の行事でも知られていました。「男と生まれたからには、一度は吉原で遊びてぇもんだ」という欲望の街吉原は、同時に苦界《くがい》（公界《くがい》）に沈んだ悲しき運命のもとに生きる、遊女たちの涙でできた街でもありました。

その吉原に生まれ育った蔦重は、吉原という一種の文化サロンで様々な才能と出会い交流していくなかで、自分のなすべき使命を見つけます。

**綺羅《きら》、星の如き才能の持ち主たちをオレがプロデュースして世に送り出し、この吉原から江戸町人文化の凄さを天下に知らしめてやる!!**

そう決意した若き蔦重は、貸本業、書店から始め、やがて板元《はんもと》（版元＝出版社）となり、「吉原細見《よしわらさいけん》」や往来物《おうらいもの》、狂歌《きょうか》絵本、黄表紙《きびょうし》、浮世絵などを手掛け、次々とヒット作を生み出します。ところが、幕府の指導者は田沼意次《おきつぐ》から松平定信《まつだいらさだのぶ》へと移り、出版統制が始まるなか、蔦重は幕府からひどいお咎《とが》めを受けてしまいます。

しかし、そこからが蔦重の真骨頂でした。江戸っ子の反骨精神で喜多川歌麿と組んで美人画で大ヒットを飛ばし、謎の絵師、写楽をデビューさせて一世を風靡《ふうび》する。

**どうでい、蔦重が真価を発揮するのはこれからだぜ!!**

そう思った矢先、病に倒れた蔦重は、四十八歳で人生の幕を閉じてしまいます。

その悔しさを思うと胸が痛みますが、江戸の天才プロデューサー蔦重とその仲間たち、そして吉原の光と影をこの本で紹介していければ、と思っています。

板野博行

もくじ

# 2章

# 吉原のガイドブック「吉原細見」がヒット

## ――蔦重を育てた吉原の歴史

## 3章

# 蔦重が版元へと出世
## ——狂歌師「蔦唐丸」と名乗って人脈づくり

## 4章

# 「時代と寝る男」蔦重の大躍進！
## ——天明の大狂歌ブーム

# 5章

# 出版業界に大事件発生！
## ――「寛政の改革」でお咎めを受ける

# 6章



## 蔦重の巻き返し
## ――喜多川歌麿と東洲斎写楽に賭けた晩年

**教えて、京伝!!**

◎画像提供（数字は掲載ページ）
「田沼意次肖像（部分）」勝林寺蔵：043／『東都新吉原一覧』東京都立中央図書館特別文庫室加賀文庫蔵：063／「吉原の花（部分）」（高精細複製画）栃木市立美術館蔵（原本：ワズワース・アセーニアム美術館蔵）：068／「松平定信画像（部分）」照源寺蔵、写真提供：桑名市博物館：182／『百慕々語』「やまらのおろち」フランス国立図書館蔵：221／『青楼美人合姿鏡』、『富嶽三十六景』「神奈川沖浪裏」以上、ColBase（https://colbase.nich.go.jp）：113、253／『一目千本』、『吾妻曲狂歌文庫』、『画本虫撰』「蜂 毛虫」以上、国文学研究資料館蔵：085、162、215／『吉原さいけん（江戸町二丁目）』、『解体新書 4巻』、『志やれ染手拭合（部分）』、『美南見十二候』「九月（文読み）」以上、国立国会図書館蔵：102、116、156、214

本文漫画・イラストレーション　ナツキ シノブ

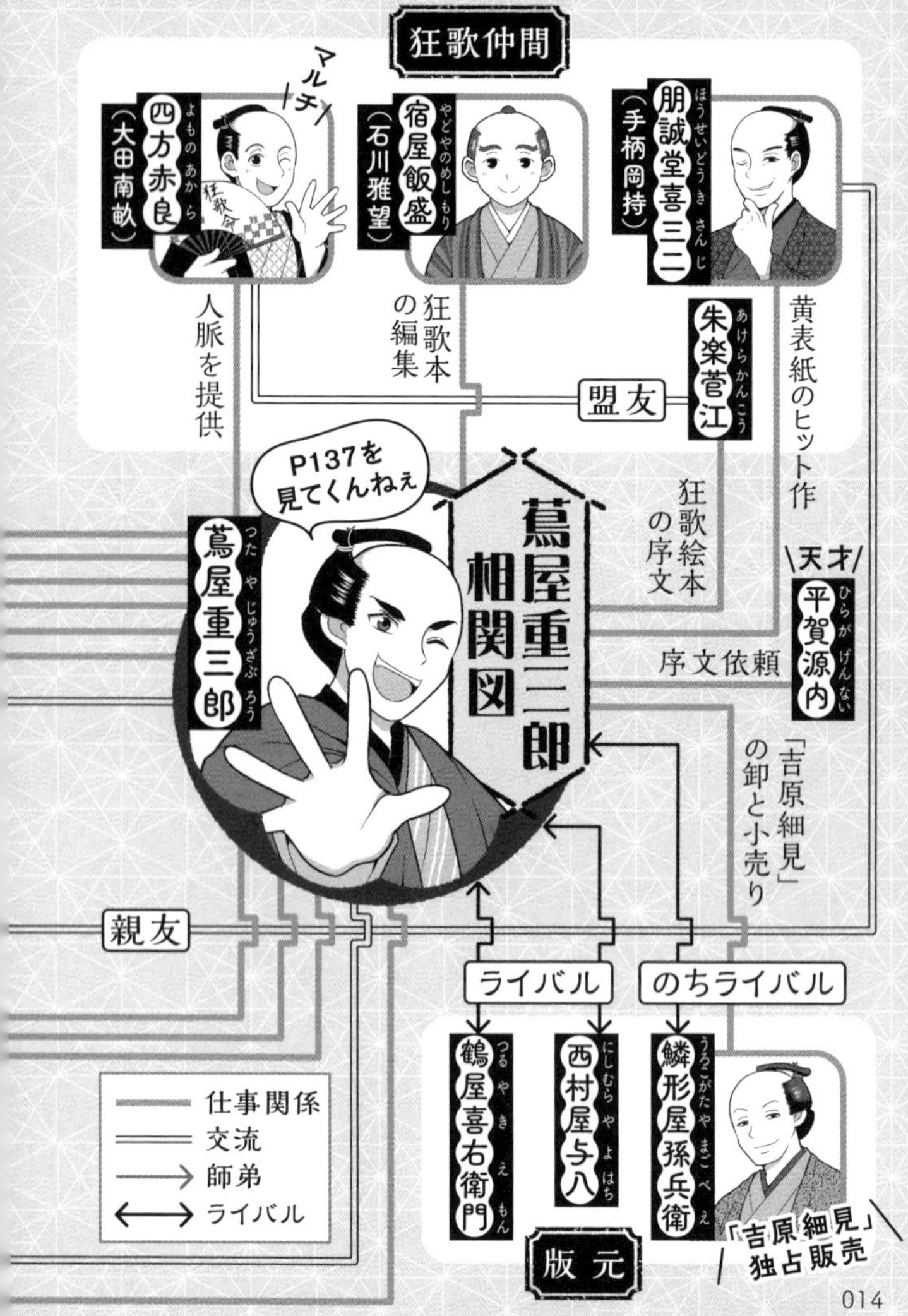

狂歌仲間
朋誠堂喜三二《ほうせいどうきさんじ》
（手柄岡持）
宿屋飯盛《やどやのめしもり》
（石川雅望）
マルチ
四方赤良《よものあから》
（大田南畝）
狂歌
黄表紙のヒット作
朱楽菅江《あけらかんこう》
狂歌本の編集
人脈を提供
盟友
P137を見てくんねぇ
蔦屋重三郎相関図
蔦屋重三郎《つたやじゅうざぶろう》
狂歌絵本の序文
天才
平賀源内《ひらがげんない》
序文依頼
「吉原細見」の卸と小売り
親友
ライバル
のちライバル
鶴屋喜右衛門《つるやきえもん》
西村屋与八《にしむらやよはち》
鱗形屋孫兵衛《うろこがたやまごべえ》
「吉原細見」独占販売
版元
仕事関係
交流
師弟
ライバル

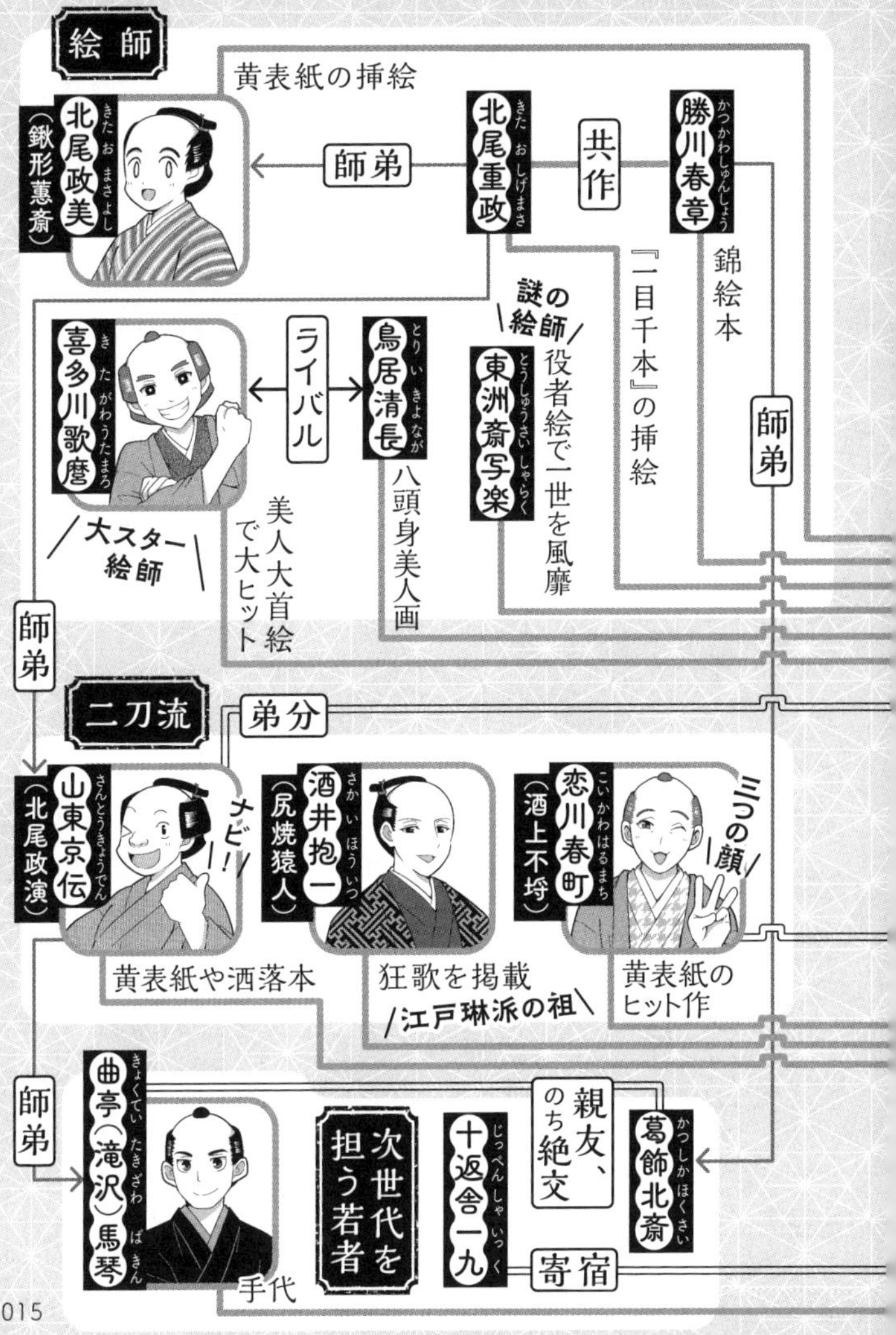

絵師
黄表紙の挿絵
北尾政美《きたおまさよし》
（鍬形蕙斎）
師弟
北尾重政《きたおしげまさ》
共作
勝川春章《かつかわしゅんしょう》
錦絵本
『一目千本』の挿絵
謎の絵師
東洲斎写楽《とうしゅうさいしゃらく》
役者絵で一世を風靡
師弟
喜多川歌麿《きたがわうたまろ》
ライバル
鳥居清長《とりいきよなが》
八頭身美人画
美人大首絵で大ヒット
大スター絵師
師弟
二刀流
弟分
山東京伝《さんとうきょうでん》
（北尾政演）
ナビ！
酒井抱一《さかいほういつ》
（尻焼猿人）
恋川春町《こいかわはるまち》
（酒上不埒）
三つの顔
黄表紙や洒落本
狂歌を掲載
江戸琳派の祖
黄表紙のヒット作
師弟
曲亭《きょくてい》（滝沢《たきざわ》）馬琴《ばきん》
手代
次世代を担う若者
十返舎一九《じっぺんしゃいっく》
寄宿
親友、のち絶交
葛飾北斎《かつしかほくさい》

# ナビは山東京伝が担当させていただきやすっ!!

とざいとーざい〜♪　まずはご挨拶《あいさつ》っ、と。

この本の主人公、蔦屋重三郎こと蔦重の弟分にして浮世絵師、はたまた戯作者として八面六臂《はちめんろっぴ》の活躍をしたのは誰あろう、このオレ様**山東京伝**だ。

生まれは江戸深川木場《ふかがわきば》（現・江東区木場）。ちゃきちゃきの江戸っ子でぃ。

おとっつぁんが質屋を営んでいたというのもあって商売は嫌いじゃなかったが、それ以上に遊びが大好きで、若い頃から長唄《ながうた》と三味線《しゃみせん》を学び、大好きだった絵は本格的に修業したおかげで、プロとして稼げるまでになったのサ。

さらに（天才の）オイラは文才まで発揮して流行作家になるんだが、「好事魔《こうじま》多《おお》し」という言葉があるように、調子に乗りすぎて筆禍《ひっか》事件を起こすことになっちまった。

まあ、そのあたりの話はまた、おいおい書くことにするってぇことで……。

閑話休題《かんわきゅうだい》（本筋へ戻る）、オイラが蔦重に初めて会ったのは、一七八〇（安永《あんえい》九）年頃のこと。オイラはまだ二十歳前後の若造で、蔦重は十一歳年上の三十歳そこそこだ。二人とも若かったねぇ。

吉原生まれ、吉原育ちの蔦重に誘われて、吉原で遊んだのが運の尽き、そこから先はヨシワラ、ヨシワラ、吉原遊郭に日参するようになっちまった。まあ、それもこれも江戸町人文化の「粋《いき》」と「通《つう》」を吸収して、絵師や戯作者として大活躍するための芸の肥《こ》やしだと思えば安いもんだ。

それに、なんといっても才能溢《あふ》れる蔦重や、その仲間たちと一緒にとびきり楽しい時間を過ごせたんだから、これ以上の幸せは有馬《ありま》温泉ってなもんサ。

**江戸の天才プロデューサーとしてその名を残す蔦重のことを、オイラこと山東京伝がナビしていくってぇことで、**そこんところ、隅から隅まで、ずずずい〜っとこいねがい上げ奉《たてまつ》りまする〜!!（適当な江戸っ子言葉は許してくんねぇ）。

# 1章

# 蔦屋重三郎、吉原に誕生す！

## ──時はバブリー田沼時代へ

# 蔦屋重三郎、流星の如く吉原に誕生

**一七五〇（寛延《かんえん》三）年正月七日（新暦二月十三日）、江戸は吉原《よしわら》（58ページ参照）で蔦屋重三郎《つたやじゅうざぶろう》は生まれた。**まずはめでてぇこった。

父の丸山重助《まるやまじゅうすけ》は尾張《おわり》（現・愛知県）出身、母の広瀬津与《ひろせつよ》は江戸の人だった。重助は尾張から江戸へ出てきて津与と出会い、結ばれた。重助がいつ頃どういう理由で尾張から江戸へ出てきたのか、そして江戸で何の仕事をしていたのかはわかっていない。

一説には、父は遊郭《ゆうかく》で働いていた人で、母は元遊女《ゆうじょ》ともいわれているが、推測の域を出ない。当時の吉原は、幕府公認の遊郭として栄えに栄えていたから仕事はいくらでもあった。尾張から一旗揚げようと江戸へ出てきた商人はたくさんいたから、重助もその一人だったに違いない。

ともかく重三郎は吉原で生まれ、吉原で幼少時代を過ごした。重三郎の「重」の字は、父の名「重助」の一字をもらったもの。父親にとって愛すべき子供だった。

ところが、**重三郎がまだ幼いうちに両親は離婚してしまい、喜多川《きたがわ》氏に養子に出されてしまう。**のちに重三郎は「七歳にしておっかさんと離れ離れになっちまって、オレは悲しかったぜ」と述懐《じゅつかい》している。両親と離れた重三郎は、養子先でお金に困ることなくすくす成長したものの、心の奥底では本当の親への愛情に飢えていた。

重三郎の養子先の喜多川氏は、吉原仲之町《なかのちょう》（68ページ参照）の引手茶屋《ひきてぢゃや》（遊女を客に仲介する場所）の蔦屋本家のことだとされている。こうして「蔦屋」重三郎となった彼は、吉原をホームグラウンドとして育つことになるわけだが、「吉原育ち」というのが、重三郎にとってその後の人生を決定づける意味を持った。

これから先は蔦屋重三郎のことを略して「蔦重《つたじゅう》」と呼ぶことにするので、よろしく三十六（四×九＝三十六）!! **なお、こうした無駄口（地口《じぐち》）については巻末にまとめておいたので、ぜひ見ておくんねぇ。**

## 若い頃から「景気のいい時代」の真っただ中！

さて、時は飛ぶように過ぎてゆき、蔦重が養子に入ってから十数年ほど経った頃の話だ。蔦重が生まれた一七五〇（寛延三）年当時の徳川将軍は、九代**家重《いえしげ》**（敬称略。以下同）。暴れん坊将軍、いや「享保《きょうほう》の改革」で有名な八代吉宗《よしむね》のあとを受けて将軍に就任したのが家重だった。

その頃、一揆《いっき》が多発したり飢饉《ききん》が起きたりして世情《せじょう》は不安定、さらに家重は病気のため言語が不明瞭《ふめいりょう》で、何を言っているのかよく聞き取れなかった。

その言葉を理解できるのは、家重が十三歳の頃から側近《そっきん》として仕えていた**大岡忠光《おおおかただみつ》**くらいのもの。そこで忠光を「側用人《そばようにん》」として重用《ちょうよう》した。

側用人というのは、将軍の命令を老中《ろうじゅう》らに伝え、また、逆に老中からの上申《じょうしん》を将軍に取り次ぐことが役目だった。言語が不明瞭だった家重の場合、老中以下は側用人の忠光を通してしか将軍とコミュニケーションが取れない事態に陥《おちい》ってしまった。

しかし、側用人に取り立てられた忠光は、その地位を悪用するようなことなく、家重の信頼に応えて職務をよく果たした。立派なお方だねぇ。

ちなみに忠光の遠い親戚にあたるのが、吉宗時代に江戸南町奉行《みなみまちぶぎょう》を務めた名奉行「大岡越前守《えちぜんのかみ》」こと、大岡忠相《ただすけ》だ。

えっ、知らない!?

かの有名な「大岡裁き」の人だ。「三方一両損」の話（古典落語）は聞いたことがあるだろう。人情に厚く、公正な裁判を行ったお奉行様だ。また出版統制の一環として、「本の最後のページに書名や作家・絵師名、そして板元《はんもと》（版元＝出版社）名を記した『奥付《おくづけ》』を付けるように」というお達しを出したのも、この大岡越前守。

まあ、それはおいとくとして、親戚の忠光もまた優秀だった。忠光の成功体験もあってか、家重は息子の**家治**《いえはる》に「側用人を置くがよい……○▲×……見どころのある田《た》沼意次《ぬまおきつぐ》を重用せよ」という遺言を残した。

息子想いの家重様!! と言いたいところだが、大げさに言うと、この遺言がその後の日本の政治・経済、そして文化を大きく変えてしまった。世にいう「田沼時代」(36ページ参照)を出現させちまったのよ。

**田沼意次が十代将軍家治の側用人となったのが一七六七(明和《めいわ》四)年のこと。蔦重が十八歳、オイラこと山東京伝《さんとうきょうでん》は、まだ七歳の小僧っ子だ。**

そこから田沼時代と呼ばれるバブリーな時代が始まるわけだが、二人とも若い頃から景気のいい時代の真っただ中にいて、それを肌で感じ取って育った江戸っ子だったってぇわけだ。

## 各将軍が重用した人物

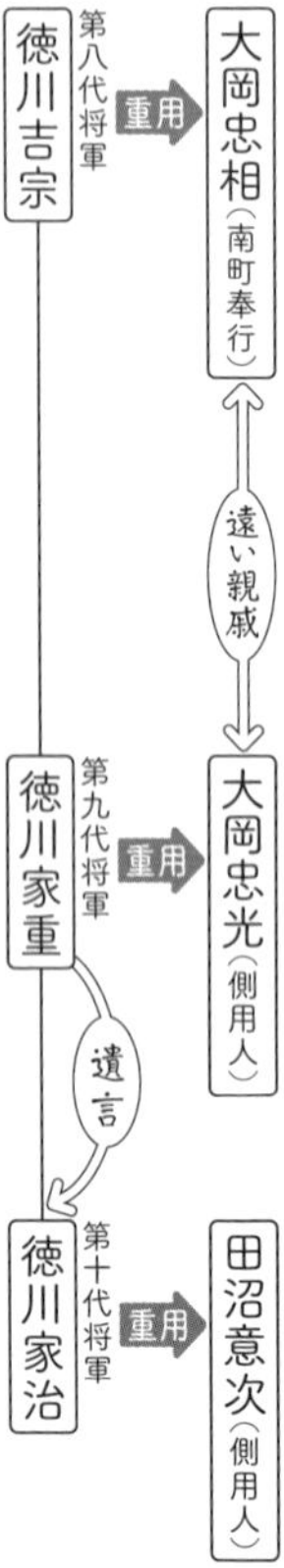

# 和歌のパロディー「狂歌」の大ブーム到来！

田沼時代にはいろいろな改革が行われたが（40～41ページ参照）、蔦重やオレたち江戸っ子にとって最も身近で大きな出来事だったのは、**狂歌《きょうか》の大ブーム**だった!!

狂歌というのは、簡単に言えば和歌のパロディーだ。

和歌は『古今和歌集《こきんわかしゅう》』以来、花鳥風月《かちょうふうげつ》を基本として「雅《みやび》」を重んじてきた。しかしアンチ上方《かみがた》（京都・大坂）の江戸っ子は、「お上品な雅なんて関係ねぇ、面白ければなんでもいいじゃねえか。『**和歌は雅よ、俳句は味よ、わけて狂歌は心意気!!**』」と、うそぶいて和歌のパロディーを作り、社会や政治を面白おかしく風刺《ふうし》した。

初めて狂歌会が催されたのは一七六九（明和六）年のこと。下級武士と町人、合わせてわずか五人のささやかな集まりだった。そこには、のちに「狂歌三大家※」と呼ばれるうちの、**唐衣橘洲**《からごろもきつしゅう》と**四方赤良**《よものあから》の二人が参加していた。

『新古今和歌集』に収録されている西行《さいぎょう》の名歌を下敷きにして唐衣橘洲が詠んだ狂歌がある。二つの歌を並べてみよう。

**心なき 身にもあはれは 知られけり 鴫**《しぎ》**立つ沢**《さわ》**の 秋の夕暮れ**　西行

**菜もなき 膳にあはれは 知られけり しぎ焼き茄子**《なす》**の 秋の夕暮れ**　橘洲

西行法師《ほうし》様の「あはれ」の高尚《こうしょう》さに比べて、橘洲の「あはれ」の俗なこと……。

「少ないおかずしかのっていないお膳を見ると、哀れを痛感する。『しぎ焼き茄子』を見ると、秋の夕暮れのうら寂しさを感じるものだなぁ」と詠んでいる。本家には失礼だが、見事なパロディー歌だ。面白くてつい笑っちまった。

ちなみに「しぎ焼き茄子」というのは「茄子の味噌《みそ》田楽《でんがく》」の別名。「しぎたつさわの」を「しぎやきなすの」と置き換えるあたり、**『笑点』だったら「座布団一枚！いや、二枚あげなさい!!」と叫びたくなるデキ**だ。

※「狂歌三大家」……唐衣橘洲・四方赤良・朱楽《あけら》菅江《かんこう》の三人。

## 狂名「蔦唐丸」を名乗り「吉原連」に仲間入り!

狂歌三大家たちの作る狂歌に触れ、「西行レベルの和歌は詠めないが、この程度の狂歌ならオレだって詠めるぜ!!」と思った江戸っ子たちが、続々と狂歌を詠み始めた。

狂歌は「大喜利《おおぎり》」に近く、同好の士たちが集まって楽しむものだった。それが徐々にSNS、じゃなくてクチコミで輪を広げていき、一大狂歌ブームが巻き起こった。バブリーな田沼時代の雰囲気にもマッチして、あっという間に江戸中に広まり、**猫も杓子《しゃくし》も毎日毎日狂歌三昧《ざんまい》の日々**だ。

それにつれて、著名な狂歌師たちが**「連《れん》」と呼ばれるグループ**を作った。

「連」というのはサークルみたいなもので、武士だろうが町人だろうが、はたまた老若男女なんでもござれ、仲良し連中が集まって狂歌を詠み合い、そのあとはドンチャンやるという楽しい会のことだ。四方赤良がその雰囲気を狂歌にしている。

あさもよし　昼もなほよし　晩もよし　その合ひ合ひに　ちょいちょいとよし

赤良は、一年中、雨が降ろうが槍《やり》が降ろうが、花を月を紅葉《もみじ》を雪を肴《さかな》に、盃《さかずき》を手から離さなかったってぇくらいの酒好き。そんな赤良みたいな酒好き狂歌好きが集まりドンチャンやる場所は、男衆にとって一石二鳥の遊び場、つまり「吉原遊郭」になるのは火を見るよりも明らかだったたってぇわけサ。

そして、その吉原をホームグラウンドにしていたのが、まさに蔦重だった。まだ二十歳そこそこの若者なのに、すでに吉原に精通していた**蔦重は、狂名《きょうみょう》「蔦唐丸《つたのからまる》」を名乗って「吉原連」に参加していた。**

## 「かぼちゃ」に「さる」――ふざけた狂名はご愛敬

さて、ここで江戸の狂歌連について少し勉強しておこう。

有名どころとしては、前に紹介した「狂歌三大家」の唐衣橘洲の「四谷連《よつやれん》」、四方赤良の「四方連（山手連）」、朱楽菅江の「朱楽連」など、武士中心の連のほか、歌舞伎の五代目市川團十郎《いちかわだんじゅうろう》とその取り巻きが作った「堺町連《さかいちょうれん》」や、吉原を中心とした「吉原連」もあった。ちなみに、蔦重の属した吉原連のメンバーを一部紹介すると、

・加保茶元成《かぼちゃのもとなり》……吉原連主宰《しゅさい》。吉原の妓楼《ぎろう》（遊女屋）**大文字屋《だいもんじや》**主人
・秋風女房《あきかぜのにょうぼう》……加保茶元成の妻
・たはらの小槌《こづち》……吉原の妓楼大黒屋主人
・猿万里太夫《さるまでだゆう》……吉原の幇間《ほうかん》（いわゆる太鼓持ち）
・筆綾丸《ふでのあやまる》……喜多川歌麿《きたがわうたまろ》。浮世絵美人画の名手
・蔦唐丸……我らが蔦重

吉原連のメンバーを見ると、妓楼主人とその妻、太鼓持ちに浮世絵師と蔦重……まさに吉原ヨシワラしてるねぇ。それにしても「かぼちゃ」だ「さる」だと、みなさんふざけた狂名を付けたもんだ。ところで「かぼちゃ」と名乗った妓楼主人、**大文字屋市兵衛《いちべえ》**は二代目だ。初代の市兵衛は背が低く、猿のような丸い目を持ち、かぼちゃの

ような頭をしていた。そこでこんな流行り歌が作られた。

ここに京町大文字屋のかぼちゃとて　その名は市兵衛と申します
せいが低くて　ほんに猿まなこ　よいわいな　よいわいな……

当時、妓楼主は人としての八つの徳目「仁・義・礼・智・忠・信・孝・悌《てい》」を忘れた人という意味で「忘八《ぼうはち》」と呼ばれ、蔑《さげす》まれていた（裏を返すと、それくらい妓楼が魅力的ってことでもあるんだが……）。

初代市兵衛はそのダーティーなイメージを逆手に取った。自虐的に「かぼちゃ」と名乗り、さらに剽軽《ひょうきん》に踊る自分の姿を滑稽な肖像画にして売り出し、商売繁盛につなげたってぇんだから、なかなかタフな商売人だった。

## 江戸っ子の「洒落っ気」と「反骨精神」

京や大坂などの上方文化に対して、江戸も負けてねぇ!!　というところを見せたいがために、ふざけた狂名を付けて伝統ある和歌をパロって笑いを誘う……これらはすべて、江戸っ子の洒落《しゃれ》っ気と反骨精神の表れだ。

江戸っ子の特徴としてよくいわれるのは、**「粋《いき》で鯔背《いなせ》」**「金離れがいい」「人情家で涙もろい」と、ここまでは嬉しいプラスの評価だ。キビキビシャキシャキ、アラヨット、いいねぇ。

ちなみに「粋」と「鯔背」とは似たようなもんで、気立てがさっぱりしてて垢《あか》抜けたセンスの持ち主。そして、なんといっても「色気」が漂ってないとモテないね。

ところが、一方で「見栄っ張り」「向こう見ずの意地っ張り」と、あまり嬉しくない評価もいただくことがある。さらに「短気で喧嘩《けんか》っ早い」「金はないけど威勢はいい」「駄洒落ばかりで底が浅い」となってくると、もう言い返す言葉もねぇ……。

ちなみに「宵越《よいご》しの金は持たねぇ」っていう有名なセリフは、ただイキがっているだけじゃねぇよ。町人の半分以上が職人だったから、生活費が足りなくなれば働き、日銭《ひぜに》を稼いだらパーッと使うのが粋ってもんよ。こんな川柳《せんりゅう》がある。

**江戸っ子の　生まれそこない　金を貯め**

なにせ貯金するにも当時は銀行なんてないし、保険もない。物欲を満たそうにも**四畳半一間の裏長屋**《よじょうはんひとまうらながや》に何を置けってぇんだ。

食うものがなくなれば、うす〜い壁をトントンと叩き、箸《はし》と茶碗を持って隣に行けばおまんまを食わせてくれる。もちろん、その逆も当然のこと。困ったときはお互い様。仲間が今月ピンチとなれば、無利子・無担保、返済期限なしで貸し与えるのが人情家、粋な江戸っ子の心意気というものサ。**金は天下の回り物**ってこった。

## 教えて、京伝!!

## 「表長屋」と「裏長屋」って何?

町人が住む「長屋」は、私有が認められた町地《まちじ》（町屋敷）と呼ばれた居住地に建てられた。江戸城を中心とした武家《ぶけ》地、寺社地とは厳格に隔てられ、それらに取り囲まれるように存在した**町地の占める面積は、江戸市中の二十パーセント程度**。そこに武士とほぼ同数の町人が住んでたってぇんだから、ギュウギュウ牛の人口密度だった。

ひと口に「長屋」といっても、「表長屋」（表店《おもてだな》）と「裏長屋」の二つがあった。

表通りに面している**「表長屋」**は二階建てで、一階が見世《みせ》（店舗）、二階が住居と

「九尺二間の裏長屋」の世界

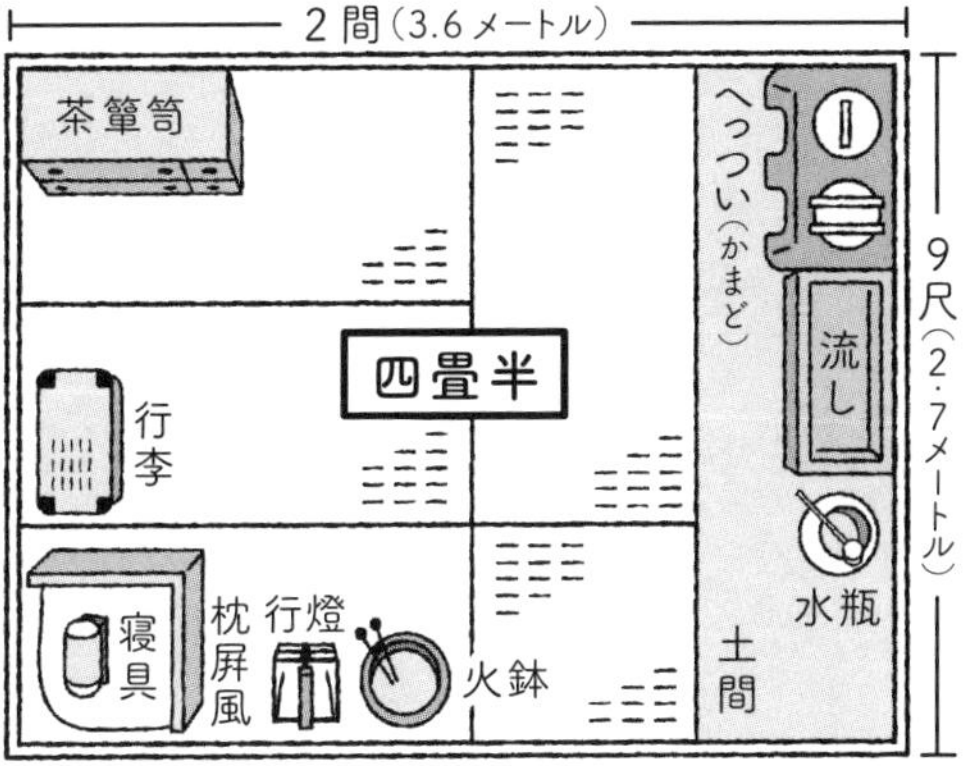


して使われた。だいたい、間口が二～三間《けん》（約三・六～五・四メートル）、奥行四間半（約八・一メートル）程度で、魚屋や八百屋などの食料品店、あるいは瀬《せ》戸《と》物《もの》屋や荒物《あらもの》屋などの生活用品店。ちょっとお金持ちの住む所だね。

表長屋の間に小さな木戸※があって、そこを抜けて細い路地を進むと、多くの町人が暮らすビンボーな**「裏長屋」**の世界だ（図版参照）。

共用の井戸や厠《かわや》（トイレ）、そして洗濯物を干すスペースのある中庭のような空間の左右に、「九尺《くしやくに》二間《けん》の裏長屋」（九《く》尺店《しやくだな》）と呼ばれた間口九尺（約二・七メートル）、奥行二間（約三・六メートル）の狭〜い裏長屋が軒《のき》を連ねていた。
ちなみに家賃は五百文《もん》（一万二千五百円）程度と、かなり格安だ。

裏長屋は一軒あたり六畳一間分の空間にすぎず、入り口に土間《どま》や台所がある分を差し引くと、実質的に**居間兼寝室として使える空間はわずか四畳半**にすぎない。そこに茶箪笥《ちゃだんす》や行燈《あんどん》、さらに冬になって火鉢《ひばち》を置けば、残ったスペースは三畳程度。

単身者ならいざ知らず、夫婦や親子で暮らすとなれば、プライバシーなどあったもんじゃない。夜具（布団）をしまう押入れがないから、人によっちゃあ天井から吊るしてスペースを確保していた（笑）……見上げたもんだよ、屋根屋のふんどし。

壁なんてあってなきが如し。借家人（店子《たなこ》）同士、お互いが部屋にいながらにして隣人と会話ができるくらいの薄さ。まあ、それもメリットといえばメリットだった。

「狭いながらも楽しい長屋」ってな感じで、江戸庶民は仲良く（ときに喧嘩もしたけれど）互いに助け合って暮らしていたのサ。

※「木戸」……この木戸は「長屋木戸」と呼ばれ、防犯のために設置されていた。長屋の大家や長屋の住人（月番制）が明《あ》け六ツ（午前六時頃）に開け、夜四ツ（午後十時頃）に閉めた。

# 「田沼意次のバブリー政策」なくして蔦重なし!?

気配り上手と
イケメンぶりで
大出世!!
六百石から
五万七千石へ
爆上げ!
田沼意次
賄賂政治家として
有名
なにとぞよしなに!
ふっふっふ…
お主も
悪よのぉ
重商主義政策を
進める
世の中
金が
すべてじゃ〜
貿易振興
ハッハッハ
貨幣統一
踊る阿呆に
見る阿呆
同じ
アホなら
踊らにゃ
損損
猫も杓子《しゃくし》も
バブルに
踊っておるわ

**蔦重が青春を過ごした時期は、「田沼時代」とバッチリ重なっていた。**

田沼意次が十代将軍家治の側用人となった一七六七（明和四）年から、失脚する一七八六（天明六）年までの約二十年間を「田沼時代」と呼ぶが、蔦重にとって十八歳から三十七歳までにあたる。**この時代は賄賂《わいろ》政治が横行した時代として批判されることが多く、**たとえばこんな川柳が詠まれている。

役人の子は にぎにぎを よく覚え

これは、役人が（言葉では言わず）手を握るしぐさで賄賂をねだっていたのを、その子供が見て真似る様子を皮肉たっぷりに詠んだもの。賄賂が横行し、縁故《えんこ》人事がまかり通っている田沼政治を痛烈に風刺したものだ。

さらに、度を越した賄賂ぶりを表すエピソードも伝わっている。

意次の家に「京人形一体」と書かれた大きな木箱が贈られてきたので開けてみると、中から本物の祇園《ぎおん》の舞妓《まいこ》が「おめでとうさんどす～」と出てきた……都市伝説の一つにすぎないが、いかにもありそうだからコワイ。

「腐敗の権化《ごんげ》」「悪徳政治家」などとも呼ばれ、とにかく評判の悪い意次だが、側用人から老中となったのは意次が初‼ 叩き上げの幕臣《ばくしん》として出世街道を駆け上がった意次のアゲアゲ人生を見てみよう。

## 家禄六百石から老中へとスーパー大出世！

意次の父・田沼意行《おきゆき》（「もとゆき」とも）は紀州藩（現・和歌山県と三重県の一部）の足軽《あしがる》にすぎなかったが、藩主の徳川吉宗が八代将軍になると、それに付き従って江戸に入り、旗本《はたもと》として登用されるという出世を果たした。

一七一九（享保《きょうほう》四）年、江戸本郷《ほんごう》（現・文京区本郷）で生まれた意次は、十七歳のときに父が亡くなると嫡男《ちゃくなん》として家禄《かろく》を継いだ。まだ**そのときの家禄は六百石《こく》にすぎなかった**が、この時代の武士としてはまあまあの高給取り、中流以上の暮らしはできるくらいだった。

しかし、その後の意次の出世ぶりは目覚ましい。

小姓組番頭《こしょうぐみばんがしら》になると、三十代の若さで将軍側近として仕える御側御用取次《おそばごようとりつぎ》に任じられた。これでも十分スゴイ出世だが、意次が四十歳のとき、さらなる出世につながる出来事が起きた。

それは一七五四（宝暦《ほうれき》四）年から同八年にかけて美濃国郡上藩《みののくにぐじょうはん》（現・岐阜県郡上市）で起きた「宝暦郡上一揆《いっき》」と呼ばれる大規模な百姓一揆を見事に解決したことだった。

家重の特命で評定所《ひょうじょうしょ》（幕府の最高審理機関）の審議に出席した意次は、農民側の首謀者たちを「獄門《ごくもん》」（打ち首のうえ、さらし首）に処す一方、藩主を改易《かいえき》※し、さらに藩主の意向を受けて農民を抑えつけようとした老中や若年寄《わかどしより》など、幕府の重職たちまで罷免《ひめん》するという前代未聞の厳しい処置を言い渡し、その辣腕《らつわん》ぶりを発揮した。

この公平な裁きは幕府内でも高く評価され、将軍の家重も意次に信頼を寄せて重用するようになり、息子の家治にも意次を重用するようにと遺言した。

家治が十代目の将軍になると、意次は側近として最高職の側用人に任じられた。そして、築城を許されて二万石の城持ち大名となった意次は、そしてついに**老中へとスーパー大出世**を果たした。

側用人から老中になった初めての人物として名を成した意次は、**最終的に五万七千**

**石となり、スタート時から比べると禄高《ろくだか》は約百倍にもなっていた。**年収一千万円が、十億円になったようなもんだと想像してもらえば、その凄さがわかろうってもんサ。

※「改易」……大名や旗本などの領地や家屋敷を没収し、身分を取り上げること。

教えて、京伝!!

## 意次の「大奥プレゼント大作戦」って何？

意次の辣腕ぶりは凄かったが、そもそも身分の低かった意次は、将軍はもとより老中にさえ会うチャンスがなかった。そこで、まず大奥の女中《じょちゅう》たちにプレゼント攻撃を仕掛けて気に入ってもらい、次に将軍の側室へとつないでもらって、ついに将軍と接《せっ》見《けん》できるところまでこぎつけるという作戦に出た。

名づけて「将軍を射んと欲すればまず大奥を射よ」大作戦だ。

ちなみに意次はイケメンだったので、一度会えば大奥の女性たちはメロメロだったらしい。それにしてもこの**プレゼント攻撃のために、意次は全財産をつぎ込んだ**ってえんだから思い切ったもんだ。

この作戦が成功し、老中に昇り詰めた意次。一方、将軍家治は「もう、ぜ〜んぶ意次に任せる」と言って、趣味の将棋《しょうぎ》に没頭する日々を過ごした。

ちなみに家治の将棋の腕は、まあまあだったみたいだ。江戸時代中頃の将棋の段位は「名人」が九段、「半名人」が八段とされていた。そうしたなかで、家治の段位は「上手《じょうず》」と呼ばれる七段の格だった。

ただし、残された棋譜《きふ》をよく見ると、周りが家治に対して手加減していた様子がありありとわかるってぇ話だ（笑）。

## 「重商主義政策」で江戸の財政を立て直す

意次は老中として、というより、将軍に成り代わって（家治は将棋三昧なので）様々な幕政改革を行うことができた。

八代将軍吉宗の行った「享保の改革」では財政難は解決しなかったどころか、九代家重、十代家治と進むにつれて財政赤字は膨らみ、経済は悪化する一方だった。

そこで意次は、幕藩体制の基盤だった「米本位制《こめほんいせい》（石高制《こくだかせい》）」を見直し、商業を重んじて貨幣経済中心の国づくりを推し進める政策、いわゆる「重商主義政策」を取った。

意次は幕府の財政再建のため、**江戸城に泊まり込んで昼夜を問わず仕事をこなし、一年中働きに働いた。** 賄賂政治家と呼ばれることもある意次だが、仕事に関してはハードワーカーだった。

田沼政治の主な柱としては、①経済政策、②社会政策、③文化政策、④対外政策、などがあるが、オイラは学者じゃねぇから、ここではあまり深入りしないでおこう。

意次の政策のやり方で象徴的なのは、ある人が新井白石《あらいはくせき》の本の内容を引用して政策を提示しようとしたところ、

「**儒者《じゅしゃ》の議論など、役に立つものではない**」

と言って、白石の本を一顧《いっこ》だにしなかったというエピソードだ。

意次は徹底したリアリストだった。そのうえ武士には珍しく商売に明るく、お金を

儲《もう》けることに対する嫌悪感を持たなかった。

## 意次の「拝金主義」が江戸文化を花開かせた？

意次のやったことのなかでかなり重要だったのは、**「通貨の統一」**だった。

当時の通貨は、江戸を中心とした**東日本は「金《きん》通貨圏（金遣《づか》い）」**である一方、大坂を中心とした**西日本は「銀通貨圏（銀遣い）」**だった（さらに、銅貨＝銭《ぜに》も流通する「三貨制」）。「金」と「銀」という異なる価値体系の通貨が流通し、しかも金貨が一枚、二枚と数える「計数貨幣」であったのに対し、銀貨は重さを量って使う「秤《しょう》量《りょう》貨幣」だったため、簡単には交換できなかった。

そこで意次は「南鐐二朱銀《なんりょうにしゅぎん》（判）」という計数貨幣の良質な銀貨を作り、八枚で金の小判一枚（一両）と交換できることにして全国の貨幣を統一した……と言いてぇところだが、商人重視の政策を取った意次に対して、旗本や大名などの反発が強まり、意次の政策は挫折させられてしまう。意次のポリシーが伝わっている。

この世で一番大切なものは、お金だ。お金の多寡《たか》が、真心の多寡だ。

気持ちイイくらいの拝金主義だ。意次に「賄賂政治家」のレッテルが貼られるのは無理もねぇ。敵が多いのも頷《うなず》ける……意次の失脚に関してはまた章を改めて語ることにして、なにはともあれ、意次の重商主義政策のおかげで貨幣経済が発展し、江戸の町は豊かになった。

賄賂政治家のレッテルを貼られた田沼意次だが
その重商主義は、蔦重にとって追い風だった。

人口も百万人を超え、同時代のパリやロンドンの二倍以上。江戸は世界最大の都市として栄えた。

空前の狂歌ブームに端を発した出版業界の隆盛をはじめ、歌舞伎や浮世絵などの江戸文化が花開いたわけで、**蔦重にとっては「神様、仏様、田沼様」**だった。

# 江戸で読書ブーム！<br>蔦重の「貸本屋」も大ブレイク

さて、賄賂政治だなんだと批判されがちな田沼時代だったが、経済が活性化して江戸の町はアゲアゲムード一色だった。

蔦重をはじめとした「吉原連」の連中が、狂歌のブームに乗ってブイブイ言わせていた頃、江戸でもう一つのブームが起きていた。それは「本」だ。

**庶民の間で、読書の一大ブームが起きていたってぇわけよ！**

そもそも庶民に本が読まれるようになったのは、江戸時代中期以降。それ以前、本は公家《くげ》や武家、そして僧侶など知識階級の人たちのもので、内容も学術書や仏書などのお堅い本ばかりだった。

ところが江戸中期に入ると寺子屋《てらこや》※がたくさんできて識字率が上がり、本を読める庶民が増えた。そこで子供向けの絵本や怪奇物《かいきもの》・滑稽本《こっけいぼん》など、庶民が楽しめるエンタメ本がたくさん出版されるようになった。

**当時の江戸町人は、世界一の識字率を誇っていた**（諸説はあるみてぇだが）。読み書きそろばんができるなんざぁ、江戸っ子にとっちゃあ朝飯前よ。

蔦重が二十歳になる頃には、江戸の出版点数が上方を上回るようになり、さらにバブリーな田沼時代を迎えてその勢いは増すばかりだった。

若き蔦重は、そんな出版業界に目をつけた。

**これからは本の時代だ‼**

※「寺子屋」……寺子屋とは、庶民の子供たちに文字の読み・書き（場所によってそろばんも）を教えた教育施設。上方においては「寺子屋」と呼ばれたが、江戸では「手習所《てならいどころ》（幼童筆学所《ようどうひつがくしょ》）」と呼ばれた。

## 娯楽用「地本」が江戸出版界を盛り上げる

ここで少し、江戸時代の出版業界がどんなふうだったのかを勉強しよう。**実は十七世紀終わりくらいまで、出版といえば上方が圧倒的なシェアを持っていた。**特に京都の十の版元（出版社）が「京都書林十哲《じってつ》」と呼ばれ、ブイブイ言わせていた。江戸には上方資本で設立された本屋か、上方の本屋の出先しかなかった。

しかし、負けず嫌いの江戸っ子が、京都にやられっぱなしってわけにはいかねぇ。京都で出版された「下《くだ》り本」を江戸で売る（当時は京・大坂から江戸へ行くのが「下り」）、というスタイルが逆転するのは、江戸の人口が百万人を超え、世界でも有数の大都市となった十八世紀半ば頃のことだ。

**蔦重が活躍した十八世紀後半には、江戸が京都を圧倒してダブルスコア**の出版点数となり、それ以降、差は開くばかり（そして現代に至る。東京から京都に行くのが「下り」!!）。どんなもんだ広徳寺《こうとくじ》の門だってんだ。

江戸時代の本屋（書肆《しょし》）兼出版社は、その内容で大きく二種類に分けることができた。

一つは、漢学書・仏書・神書・歌書・医学書などのお堅い内容の本（物之本《もののほん》）を扱う**「書物問屋《しよもつどいや》」**であり、もう一つは絵入りの読み物である「草双紙《くさぞうし》」や「浄瑠璃本《じようるりぼん》」、あるいは錦絵《にしきえ》など娯楽的要素の強い通俗本を扱う**「地本問屋《じほんどいや》」**だ。

硬派の書物問屋も、軟派の地本問屋も「版元（出版社）」としての顔を持っていた。当初印刷は「板木《はんぎ》」で行っていたので「板元」と称していたが、のちに「板」を使わなくなって「版元」に変わった。同様に「出版」も最初は「出板」と書いた。

さて、「享保の改革」の時代に、幕府は書物問屋に同業者組合である「問屋仲間《といやなかま》」を結成させ、書物の内容に目を光らせるなど、出版の統制を図った。一方、地本問屋に関しては野放しだったため、大衆向けの地本の出版は盛んになった。

江戸の地本問屋として有名なのは、まず**鶴屋喜右衛門《つるやきえもん》**という人物だった。京都に本店を置く「鶴屋」の出先の書物問屋だったが、やがて独立して江戸有数の地本問屋となった。

次に錦絵を得意とし、一代で一流の地本問屋の仲間入りをした「永寿堂《えいじゆどう》」の**西村屋《にしむらや》与八《よはち》**がいた。二人とものちに蔦重のライバルとなるから、「鶴屋喜右衛門」と「西村屋与八」の名は覚えておいてくんねぇ。

残る一人は江戸の出版界のサラブレッド、**鱗形屋孫兵衛《うろこがたやまごべえ》**だ。蔦重はこの「鱗形屋」の系列に入り、本の企画や販売を請け負うところから、出版業界に参入していくことになる。

## 弱冠二十歳の蔦重、貸本を背負って行商へ！

蔦重の時代、「版元」になるには印刷物を制作するために不可欠な「版（板木）」を持っていなければならなかった。これを持つには株仲間という同業者組織に加盟しなければならなかったが、まだ駆け出しの商売人蔦重にはハードルが高かった。

そこで**蔦重が始めたのは、貸本業《かしほんぎょう》（レンタル）**だった。

当時、本はまだまだ高価で、庶民にはおいそれと買えるものじゃなかった。本の値段は「二八蕎麦《にはちそば》」（50ページ参照）の値段の何十倍もした。今のお金に直すと何千円、いや万単位の代物。本は貴重品で、とてもじゃないが庶民には買えなかった。

そこで、安く借りられる貸本業が大流行《おおはや》りってぇわけだ。

まだお店を持っていない**弱冠《じゃっかん》二十歳の蔦重は、たくさんの本を木箱に入れ、それを背負って行商に出かけた。**貸す本と返してもらった本で箱はパンパン。結構な重さだったが、若くて元気な蔦重には平気の平左衛門《へいざえもん》だ。

お得意先に貸本をセールスしに行くわけだが、顧客のニーズに合わせた本を提供できないと商売はあがったり。といっても、そこは吉原生まれ吉原育ちの蔦重のこと、地縁血縁を生かして遊女たちを中心に本をレンタルして儲けていた。

当時の貸本代は一冊なら二百円程度だったが、商売上手な蔦重は、

「五、六冊なら五百円、十冊まとめて借りてくれるなら千円、いや八百円でいいよ！　もってけドロボー!!」

ってな具合で、バナナの叩き売りよろしく本を貸し歩いていた。

ちなみに極狭《ごくせま》の裏長屋に家族全員が暮らしていた庶民は、火事のリスクが高かったこともあって、多くのものをレンタルして暮らしていた。

本はもちろんのこと、鍋や釜、さらにはふんどしまで（笑）。江戸っ子は必要なときに必要なモノを借りる、合理的精神の持ち主だったてぇことだ（ケチじゃねえよ!!）。

## 教えて、京伝!!

## 「二八蕎麦」の名前の由来は?

現在の蕎麦屋で「二八蕎麦」といえば「ソバ粉八割、小麦粉二割」、つまりソバ粉と小麦粉の配合率を指すものだと思われているが、実は「二八」の語源については、この**「ソバ粉と小麦粉の配合率説」**と、**「二×八で十六文の値段説」**の二つの説があって、結論は出ていない。

蕎麦が食べられるようになったのは江戸時代初期で、その頃の蕎麦は六～八文程度。江戸も中～後期になると物価も上がって蕎麦一杯の値段がだいたい十六文になった。その頃、言葉遊びが好きな江戸っ子が、「九九《くく》で言えば二八は十六」というところから「二八蕎麦」と呼んだというのが「値段説」の根拠だ。

確かにその頃、値段によって「二七蕎麦」（十四文）や「二六蕎麦」（十二文）と書かれた蕎麦屋の看板があったという記録もある。

ところが、幕末を迎えた慶応《けいおう》年間（一八六五〜六八）には蕎麦の値段は二十文を超えて「二の段の九九」では言えなくなり、それ以降は「二八」はソバ粉八割、小麦粉二割の意味となったのではないか、というのが「配合率説」の有力な根拠だ。

まあ、どちらの説が正しいかは別として、**言葉の響きが「粋」だと感じた江戸っ子が付けたのが「二八蕎麦」というネーミング**だったのは間違いねぇところだ。


夜になると江戸市中に出店されていた屋台。そこで二八蕎麦に舌鼓《したつづみ》を打った江戸っ子だったが、今の蕎麦に比べると半分以下の分量だったようで、ちょっと小腹が減ったときの間に合わせか、飲んだあとの締めとして食べられていたようだ。

値段も十六文（約四百円※）なので、気軽に食べられた。江戸っ子のソウルフードの一つといえたのサ。

鰹節《かつおぶし》で出汁《だし》を取り、下総《しもうさ》（現・千葉県）の野田や銚子《ちょうし》から運ばれてくる濃い口の醤油で味つけしたものに、大根おろしや七味唐辛子を入れて食べてたってぇんだから、なかなかに濃い。

ちなみに、蕎麦湯を飲む風習は信州《しんしゅう》（現・長野県）で始まり、「健康にいい」という噂が広まって江戸時代中期以降、江戸でも飲むようになったとされる。

※「十六文（約四百円）」……江戸時代のお金の価値を、現在のお金の価値に単純に置き換えることはできないが、この本では蔦重の生きた時代の一両を便宜上十万円と換算する（時期によって変動が激しい）。一両＝四分《ぶ》＝十六朱《しゅ》＝四千文。一文は約二十五円。

# 2章

# 吉原のガイドブック「吉原細見」がヒット

## ――蔦重を育てた吉原の歴史

# 鱗形屋の「吉原細見」の卸と小売りでスピード出世！

上方《かみがた》に対抗して次第に力を付けてきた江戸の版元のなかで、特に目立った展開をしていたのが、前述した**地本問屋《じほんどいや》「鱗形屋《うろこがたや》」**だった。

初代加兵衛《かへえ》は遊女評判記《ゆうじょひょうばんき》などを地味に出していたが、二代目の三左衛門《さんざえもん》が「見返り美人」で有名な菱川師宣《ひしかわもろのぶ》の挿絵《さしえ》入りの絵本を出して売れた。そして三代目孫兵衛《まごべえ》になると、幅広いジャンルの本を出版して、江戸を代表する老舗《しにせ》にのし上がっていた。

ちょうどその頃、貸本業を始めていた蔦重《つたじゅう》は、もともと地元っ子だったうえに、お得意先を回るうちに吉原の遊女や妓楼《ぎろう》、茶屋で働く人々と親密な関係を築き、吉原内に幅広い情報ネットワークを持つようになっていた。その評判を聞いた鱗形屋が、吉原内での本の販売は蔦重に任せたほうがいい、と判断したのは当然のことだった。

一七七三（安永《あんえい》二）年、蔦重二十四歳。

**鱗形屋孫兵衛版「吉原細見《よしわらさいけん》」の卸《おろし》と小売りを開業する権利を得た蔦重**は、その一年前に吉原大門《おおもん》※前の五十間道《ごじっけんみち》で開業した書店で、鱗形屋から毎年春と秋の二回発行される「吉原細見」の卸と小売業を始めた。

※「大門」……吉原遊郭唯一の出入り口にある門。いわゆる正面玄関にあたる。「だいもん」と読まず、

「おおもん」と読む。

## 行った気になって楽しめるガイドブック「吉原細見」

蔦重が売った**「吉原細見」**とは**「遊女の名鑑」、あるいは吉原で遊ぶためのガイドブック（情報誌）**だった。

幕府によって公認された江戸で唯一の遊郭「吉原」は、「吉原細見」によって事細かく紹介されていた。この本さえあれば、どの遊女屋にどんな遊女がいるのか、揚代《あげだい》はいくらなのかもわかった。さらに、引手茶屋《ひきてぢゃや》や吉原所属の芸者についての情報も得ることができる、超～便利なガイドブックだった。

といっても、吉原で憧れの花魁《おいらん》と遊ぶのは（金が足りねぇから）夢のまた夢、ならばせめて「吉原細見」を手に入れて読み、行った気になって楽しもうじゃねえか……庶民としては実はそれくらいが精いっぱいだった。

「吉原細見」の源流をたどると、一六四二（寛永《かんえい》十九）年に刊行された『あづま物語』という、江戸の名所案内と遊女の品定めから吉原（この吉原は後述の「元《もと》吉原」）

での遊び方までを指南する本にたどりつく。

その後、十七世紀終わりくらいから「吉原細見」と名を変え、吉原に特化した形で妓楼や揚屋《あげや》、茶屋、そして遊女たちの名を絵地図にして紹介する本となった。

要するに、吉原遊廓で遊ぶためのガイドブックとして**「吉原細見」は、世の男性たちの必須アイテム**だったたってぇわけだ。

十八世紀前半にはいくつもの版元が競って出版していたが、次第に淘汰《とうた》されていき、一七五九（宝暦《ほうれき》九）年には、ついに「吉原細見」を出すのは鱗形屋孫兵衛だけとなった。つまり、蔦重が商売を開始した頃には「吉原細見」は鱗形屋の独占販売になっていたわけだ。

吉原内に幅広い情報ネットワークを持っていた蔦重は、遊女の動向や廓内《くるわ》の情報を取りまとめ、その最新データを改訂版の「吉原細見」に盛り込む役割を果たすことで、鱗形屋版「吉原細見」の卸と小売りを開業する権利を得た。

当時の出版業界は閉鎖的で、二十歳そこそこの新参者《しんざんもの》の蔦重がどうやってそこに入り込んだかは不明だが、吉原生まれ、吉原育ちの地縁血縁に加えて、廓内における貸本業や狂歌仲間との交流のなかで培《つちか》われた情報収集力を買われたにちげぇねぇ。

# 幕府公認の遊郭——吉原はこうして生まれた！

蔦重がホームとした江戸幕府公認の遊郭（傾城町《けいせいまち》）、吉原。その吉原を知らずして我らが蔦重を語ることはできない。そこで、このあたりで吉原遊郭について、ひと通り語っておこう。ちょっと堅めの内容が続くが、寝ないで聞いてくんねぇ。

**吉原の起源は江戸幕府以前、豊臣秀吉《とよとみひでよし》が天下を治めていた時代にさかのぼることができる。**秀吉時代の江戸は遊郭どころか未開の地だったから、遊郭が存在したのは当時すでに栄えていた大坂や京都、そして徳川家康の隠居地である駿府《すんぷ》城下（現・静岡市）だった。「英雄色を好む」とはいうものの、秀吉も家康もスケベ親爺《おやじ》だねぇ。

幕府を開いた家康は、猛烈な勢いで都市づくりを始め、諸藩に「千石夫《せんごくふ》※」を命じて労働者を江戸に派遣させた（天下普請《てんかぶしん》）。また、機を見るに敏な商人たちが江戸へと大量に流入したため、江戸市中は男だらけになった。**結構毛だらけ猫灰だらけ、江戸の市中は男だらけ**ってな感じだ。

一万人ほどしか住んでいなかった江戸へ、その何倍もの単身労働者が流入してきた。あっちを見ても男、こっちを見ても男。となると、彼らの衣食住の確保・供給はもちろんのこと、**若い男性たちの娯楽などを満たすことも急務**となった。

※「千石夫」……大名の石高《こくだか》千石あたり一人、若い人夫を江戸へ派遣させることを命じた制度。諸大名たちの経済力を削ぎ、謀反《むほん》を起こすのを防ぐ目的もあった。

## 治安維持のため日本橋人形町で「集中管理」

肉体労働をしたあとに入る風呂屋ができると、そこにはサービスする女性（湯女《ゆな》）が登場する。さらに男たちの夜の欲望を満たすべく、おのずと江戸市中に次々と小さな女郎屋《じょろうや》ができる……こんな風に性産業が自然発生的に生まれた。

ただし、こうなると、犯罪や事件が多発するのも当然のことだ。

頭を抱えた幕府は治安維持のため、一六一七（元和三《げんな》）年に、日本橋葺屋町《ふきやちょう》（現・中央区日本橋人形町付近）近辺に遊郭を設置することを公認した。

**公娼《こうしょう》制度のもとで女郎屋を集中させ、一括管理したほうが効率がいい。**

そう、お上《かみ》が考えたのは至極合理的だ。

こうして翌年に、吉原遊郭が誕生した。「吉原」という名前は、まだ未開発だったこの地域一体に葭《よし》（葦）が生い茂っていたことに由来する。ただ、縁起を担いで「吉」の字を用いて「吉の原」とし、それを略して「吉原」と呼んだ。

何事にも縁起を担ぎたがるのも江戸っ子の癖だ。**吉原では「かたじけない」とは言わず、「ない（なし）」を嫌って「かたじけあり」って言ったもんサ。**

## 明暦の大火で「元吉原」が全焼、浅草「新吉原」へ！

草深い湿地帯にすぎなかった吉原の地も、数十年も経たないうちに市街化が進み、武家や大名らの遊興の場としては、職住遊接近……これじゃあオチオチ遊んじゃいられない、奥方《おくがた》の目が届いちゃうってぇことも大あり名古屋の金の鯱《しゃちほこ》だ。

そこで吉原を移転させようって話をしていたちょうどそのとき、一六五七（明暦《めいれき》三）年に**明暦の大火**※**が起きて吉原遊廓も全焼**してしまった。普通なら「こりゃ、てーへんだ」と慌てるところだが、実は「これ幸い」と、浅草寺《せんそうじ》の裏手にあたる千束村《せんぞくむら》（現・台東区千束）へと吉原は移転した。

というのも、規模は一・五倍に拡大し、また昼夜を問わず営業が許可され、さらにはライバルだった湯女を抱える風呂屋を廃止させるってぇのまで加わって、吉原は幕府公認の遊郭として独占的に営業できるようになったからだ。

以前の日本橋のほうを「元吉原」、浅草のほうを「新吉原」と呼び習わすが、いわゆる「吉原」と呼ばれているのは「新吉原」のほう。**この本で「吉原」と書かれているのは「新吉原」のことだ。**

※「明暦の大火」……別名「振袖火事《ふりそでかじ》」とも呼ばれる明暦の大火は、明和《めいわ》の大火・文化《ぶんか》の大火と併せて「江戸三大大火」と呼ばれる。なかでも明暦の大火は延焼面積・死者ともに江戸時代最大で、江戸城天守や大名屋敷をはじめ、市街地の大半を焼失した（江戸城の天守再建は、財政難により断念された）。死者数については定かではないが、最低で三万人が亡くなったと推定されている。

# 吉原に育った「独自の文化」とは？

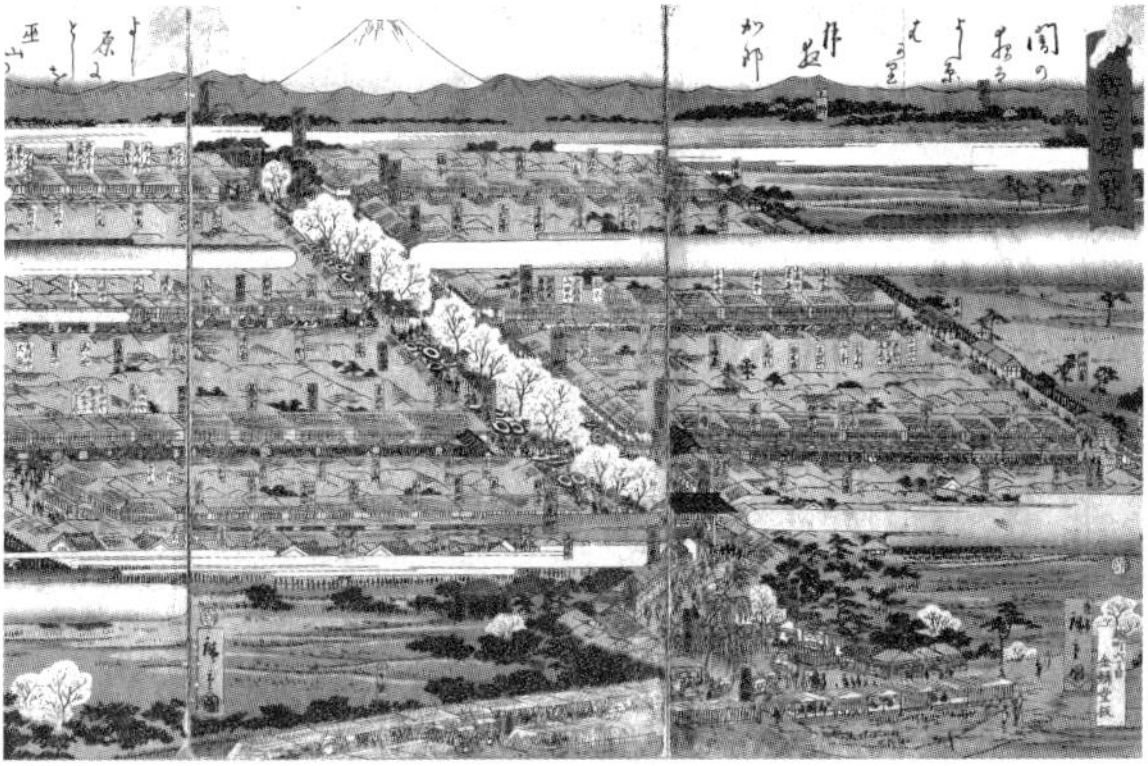

幕末に刊行された吉原の俯瞰図。
この頃には3000人以上の遊女を抱えていた。

八代将軍吉宗《よしむね》が行った人口調査が残っているが、それによると十八世紀前半の吉原の総人口は八千人強。男性約三千人に対して、女性は約五千人。そのうち遊女は二千人強だったようだ。

その後、**吉原は発展を続け、田沼《たぬま》時代に隆盛を極めるに至った。**そのタイミングで活躍したのが、この本の主人公、蔦重こと、蔦屋重三郎なのは言うまでもない。

「江戸の華」ともてはやされた吉原は、たんに遊女を集めた遊郭街という性格のものじゃなかった。幕府や各藩の有力武家たち、そして政商となった豪商たちの社交や情報交換・接待場所としての性格も持つようになり、また、**文人墨客《ぶんじんぼっかく》たちの集《つど》うサロンと**

しても機能した。

朝に日本橋の魚河岸《うおがし》、昼に浅草の歌舞伎三座（中村座・市村座・森田座）の芝居、そして、夜に遊女数千人を抱える超一流の遊郭「吉原」の三カ所で、一日に千両ものお金が動くことから**「日千両《ひせんりょう》」**と呼ばれた。ただし、吉原は景気の波に左右されやすいうえに火事も多く、そのたびに遊女たちが犠牲になるという悲劇にも襲われている。

その後、山あり谷ありと時代に翻弄《ほんろう》されながらも、激動の幕末や明治維新後も存続したものの、ついに一九五七（昭和三十二）年に「売春防止法」が施行されるに至って政府公認の売春制度は廃止され、吉原も幕を閉じることになった。

今の時代の感覚からすると、幕府（政府）公認の売春街があったなんて信じられないかもしれないが、三百年以上続いた吉原には独自の文化が育ったのも事実だ。

## 「ありんす国」の遊女は、男たちに夢を売る

そんな吉原遊郭全盛の時代に、まさにその地をホームとして生まれ育った蔦重には、吉原への格別の思い入れがあった。

吉原は男の欲望を満たす遊興の場であったのはもちろんだが、非日常の空間として「別世界」を提供した。こんな川柳がある。

**日本から ありんす国は 遠からず**

「ありんす」とは、「あります」という意味。吉原遊郭で使われていた独特の言葉(廓言葉、里《さと》言葉)で、「ありんす言葉」「花魁言葉」などとも呼ばれている。

一説によると、地方出身者が多かった遊女たちが、田舎なまりを隠すために「ありんす言葉」を使ったといわれている。夢を売る職業の遊女になまりがあると、男の幻想を壊してしまう……吉原遊女は、夢の世界に住む垢抜《あかぬ》けた存在であることを演出するために、「ありんす言葉」を用いるようになったってぇわけだ。

「ありんす国」の遊女たちは洗練された教養と磨き上げた芸事で、遠くて近い日本から来たお客様を「おもてなし」した。

**蔦重はそうした遊女たちと幼い頃から日々接しながら、いつかその文化や芸術、ファッションに至る最新の流行を自分の手で発信したいという夢を抱いた。**

吉原に通う男たちにも、「粋」や「通」という趣味人（ディレッタント）の美意識が求められた。それを持たない客は「半可通《はんかつう》」（通人になるのに失敗したイタい人）や「野暮《やぼ》」（ダサい人）として嫌われ、遊女たちにフラれることも多々あった。障害が多いほど燃える……粋で通な男になって吉原で遊ぶことこそ男子の本懐《ほんかい》。

娘子の 裾をめくれば 富士の山 甲斐でみるより 駿河一番

四方赤良《よものあから》大先生（大田南畝《おおたなんぽ》。武士）の狂歌だ。説明するのは野暮ってもんだね。

## 意外な掟？「一度馴染みになったら浮気は禁止」！

吉原では、**一人の遊女と馴染《なじ》みになると浮気は禁止**というキビシ～い掟《おきて》があった。遊女とお客は仮初《かりそめ》とはいえ夫婦なんだから、当然っちゃトーゼンだ。万が一にも別の遊女のところに登楼《とうろう》したら、そこは狭い吉原のこと、その晩にバレちまう。妓楼の若い衆《しゅう》や太夫《たゆう》の付き人たちが目を光らせていた。

「浮気男」は、朝出てくるところをとっ捕まって髷《まげ》を切り落とされた。「ごめんろくめんゆるしちください」と謝っても後の祭り。「髪切り丸」という名のハサミで髷をチョキンと切られっちまう。

髷を切られるのは武士・町人を問わず不名誉なことで、しばらくは恥ずかしくて人前に出られない。そのうえ、顔に墨《すみ》を塗られたり、お化粧されて女物の衣服を着せられる「女装刑」が追加されたりすることもあったから、とてもじゃないが浮気はできなかった。

まあ、妓楼側としても、お客の取り合いで遊女同士が反目《はんもく》したりトラブったりしたら、あとあと面倒だってこともあり、「浮気は禁止」を掲げざるを得なかったという切実な理由があったざんす（これも廓言葉）。

## 「浅草寺参詣↓吉原見物」は江戸の定番観光コース

吉原は、浅草寺の裏手の畑の中に造られた人工の街だった。唯一の出入り口である

喜多川歌麿の最高傑作と名高い「吉原の花」。
「雪月花」三部作の一つで、「深川の雪」「品川の月」もある。

大門をくぐってまっすぐに延びる仲之町《なかのちょう》（通りの名称）に一歩足を踏み入れると、そこはもう夢の別天地《べってんち》だ。

**三月になると、その仲之町の真ん中の植え込みに桜を植えて桜並木にした。そして満開の花見を楽しんだあとは、惜しげもなく撤去した。**

開花する季節にだけ植えられる期間限定の仲之町の桜は、非日常を演出する吉原遊郭の真骨頂、まさに吉原劇場。特に夜桜は幻想的な美しさだった。現代なら「映《ば》えスポット」確定ってとこだ。

のちに喜《き》多《た》川《がわ》歌麿《うたまろ》が「吉原の花」（カラー口絵Ⅳ参照）と題した色鮮やかな肉筆画《にくひつが》の超大作を描いているが、そこに描かれているのはなんと全員女性!!　満開の桜の下、女性だけで行われる華やかな宴会を描いた空想の世界は、見る者を圧倒する美しさを持っている。

また、旧暦六月晦日《みそか》から七月晦日までの一カ月の間、茶屋ごとに美しい燈籠《とうろう》を飾る**「玉菊《たまぎく》燈籠」**が開催された。

その昔、諸芸に通じた才色兼備《さいしょくけんび》の「玉菊太夫《だゆう》」という遊女がいたが、大酒がもとで若くして亡くなった。その霊を弔《とむら》うのが吉原のお盆だった。苦界《くがい》（公界《くがい》）に身を沈めた遊女たちが、自らの運命を玉菊太夫に重ねて祈りを捧げた。

ほかにも移動の踊り屋台（山車《だし》）が現れる秋の祭りなどもあり、季節ごとに贅沢《ぜいたく》に非日常を演出した。それらを見に、わざわざ地方から江戸を訪れる人がいるほどの人気を誇った。**浅草寺を参詣《さんけい》したあと吉原見物をするのが、定番の観光コースだった。**

吉原は虚構のエンタメ空間、蔦重はその美しさと儚《はかな》さとを、書物や浮世絵を通じて世に出すプロデューサーとしての使命を感じ始めていた。

# 花魁と「床入り」するのに、いくらかかったのか

幕府公認の遊郭となった吉原は、「新吉原」へ移転してますます繁栄した。遊女や奉公人の生活の場である妓楼は、同時に客にとっては遊興の場だった。妓楼には、**高級店の「大見世《おおみせ》」**、**中級店の「中見世《なかみせ》」**、**下級店の「小見世《こみせ》」**の三つがあった。

吉原の妓楼は二百軒を超えるほどあったが、大見世の妓楼は、わずか六、七軒。その大見世にいる最高級遊女の名称「太夫」は、もともとは能役者の第一人者を呼ぶものだった。

太夫の相手は大名クラスの武士か大金持ちの町人だったが、彼らは直接遊女を買うのをはばかり、まず「揚屋」に行き、そこに太夫ご一行を呼んで揚屋遊びをした。そのご一行のメンバーは、禿《かむろ》（太夫候補の少女）や振袖新造《ふりそでしんぞう》（妹分の女郎）、幇間《ほうかん》（太鼓持ち）などの芸者衆、さらには遣手《やりて》（遊女・新造・禿を監督する老女）などだ。

そのご一行がさんざん飲み食いしたあとに、一緒に妓楼に向かうという手はずになっていた。もちろん費用はすべて客持ち。そのうえ関わる者たちすべてに「ご祝儀《しゅうぎ》」を渡さなければならなかった。とにかく金のかかる仕組みだが、そうすることによって大見世の格式を保ったってわけだ。

太夫と初めて遊ぶことを**「初会《しょかい》」**、二度目に同じ相手と遊ぶのを**「裏を返す」**とい

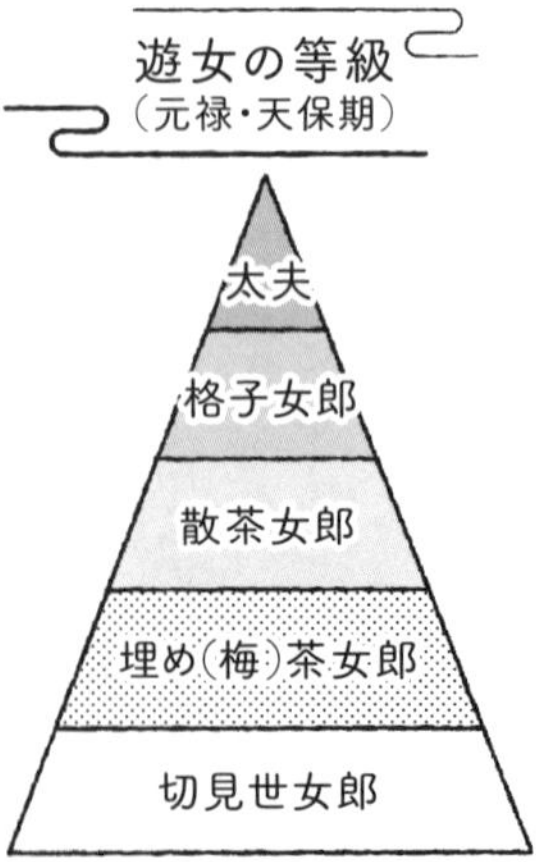


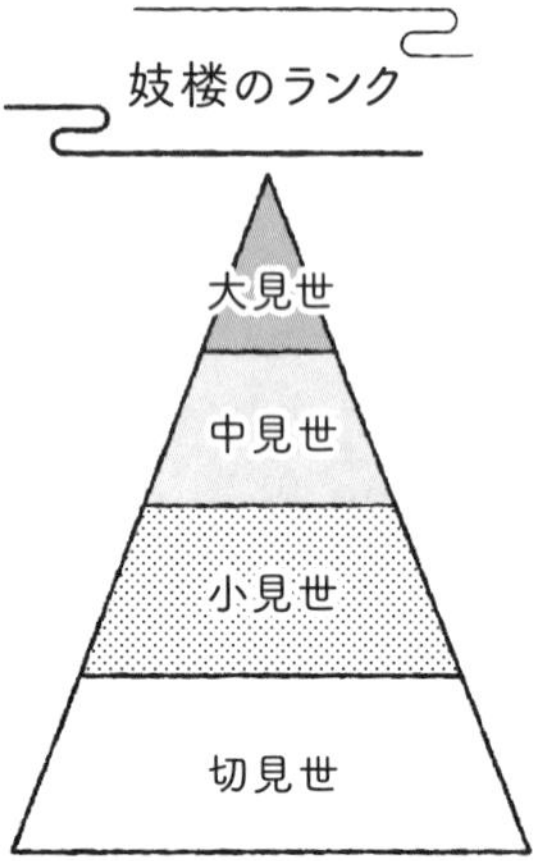


い、三度目以上を**「馴染み」**という。費用は「初会」だけでざっと二十両前後。「裏を返す」ときは初会と同じ行程だが、なぜか一・五倍にアップして総額三十両。三回目の「馴染み」でようやく念願の床入り（同衾《どうきん》）だが、費用はさらに跳ね上がり、総額なんと百両を超える。**三回ぜ〜んぶ合わせて百五十両（約千五百万円）の出費だ。**

もちろん途中で太夫に嫌われたらオシマイ。床入りどころか二度と会うことはかなわなかった……おいおいマジかい。そもそも座敷においても客が下座で、太夫が上座。これって主客転倒、逆じゃねぇのかい!?

そんな「大見世」の太夫とばかり遊んでいたら破産、身の破滅へとまっしぐらだ。

そこで「中見世」「小見世」の遊女と遊ぼうぜ、ってことになる。

太夫の下には「格子《こうし》、端《はし》」と呼ばれる遊女がいたが、次第に「散茶《さんちゃ》、埋め茶（梅茶）」※などと呼び、細分化していった。ランクは揚代（遊女を呼んで遊ぶときの代金）の値段の差で分けられた。ちなみに、最下級の遊女を二朱女郎《にしゅじょろう》ともいい、これは揚代が二朱だったことによる。当時の金一両を約十万円で計算すると、一朱はその十六分の一なので、約六千円。つまり二朱は約一万二千円。これならなんとかなる……。

※「散茶、埋め茶（梅茶）」……「散茶」とは粉にしたお茶（抹茶《まっちゃ》など）のこと。煎茶《せんちゃ》などの「葉《は》茶《ちゃ》」は袋に詰められ、お湯のなかで振って抽出したが、抹茶は湯を足すだけで振らなくてもよかった。つまり、「客を振らない（断らない）遊女」ということから「散茶」と呼ばれた。「埋め茶（梅茶）」は「散茶」を薄めたものという洒落から。

## 羨望の眼差しを一身に！　花魁道中はまるでパレード

もちろん妓楼のほうでも、太夫養成のために大金をかけた。太夫は妓楼の主人の娘のように大切にされ、毎日身体を磨かせて美しく着飾らせるだけじゃなく、茶道・花道・書道の三道はもちろん、香や和歌を学ばせ、さらには音曲《おんぎょく》などの稽古《けいこ》までさせて、容姿端麗、知性教養ともに溢れんばかりの超一流の女性として育て上げた。

そもそも、太夫になれるほどの逸材はそうそういるものじゃない。百人に一人、いや、千人に一人といわれたくらいだった。

時代が下り、蔦重の時代には太夫はいなくなり、高級な遊女の通称を**「花魁」**といった。禿が自分の仕える太夫のことを「おいらの太夫でありんす」などと言っていたのが省略されて「おいらん」になったといわれている（「花魁」は当て字）。「揚屋」もなくなり**「引手茶屋」**となった。

蔦重の養子先の喜多川《きたがわ》氏は、吉原の引手茶屋の蔦屋本家のことだった、という話は前にもした通り。蔦重は子供の頃から、身近に花魁を見て育ったわけよ。

花魁と遊ぶには、まず客が引手茶屋のお座敷で花魁を指名して待ち、指名を受けた花魁が妓楼から茶屋まで出向いていく。花魁が客に会うため、若い衆の先導で振袖新造や禿を引き連れて、引手茶屋に出かける様子を**「花魁道中」**といった。

花魁道中はショー的な要素が強かった。それを行うことで、花魁を指名した客はほかの男たちから羨望の眼差《まなざ》しで見られて優越感を得ることができ、花魁のほうも次なるお金持ちの上客に自分を売り込める、というウィンウィンの関係だった。**庶民にとって花魁は高嶺《たかね》の花、憧《あこが》れの存在**であり、一種のアイドルと化して時代の流行を左右するファッションリーダーとなった。

引手茶屋に寄ってお金を落としてから花魁と遊ぶのが、粋で通なピン（最上）の客。引手茶屋を通さず直接見世に行って登楼する客は「床急《とこいそ》ぎ」と呼ばれ、半可通な客。キリ（最低）は小見世の客と言いてぇところだが、格子越しに遊女を見て回るだけで登楼《とうろう》しない、「ひやかし」の観光客こそ野暮もいいところだ。

そんなウインドーショッピングだけの客は遊女から軽蔑されたが、一方、お金のない庶民はこんな川柳を詠んでいる。

**格子先　買はず見とれる　柳腰**

## お気に入りの遊女を「身請け」したいときは――

花魁や遊女たちの多くは、貧しい農村から遊郭に売られてくる者がほとんどで、売られてきた際の「身《み》の代金《しろきん》」はそのまま遊女たちの借金（前借金《まえがりきん》）になっていた。しかも、自分持ちの衣装代や借金の利子が高額で、働いても働いても借金が減らないシステムだったため、十年を目途《めど》に設定されていた年季明けで借金を返し終わる遊女はほとんどいなかった。

そんななかで、遊郭のお客さんである男性が、気に入った遊女を指名して仕事を辞めさせることを**「身請《みう》け」**と呼んだ。身請けされる遊女はとても幸せな女性ともいえたが、妓楼側としてはまだ借金の残っている遊女だけに、身請け金はそれなりの値段を吹っかけた。

遊郭のなかで一番下位の遊女でも身請け金は四、五十両。今のお金で四、五百万円した。太夫のなかでも筆頭格とされた「高尾太夫《たかおだゆう》」（六代目、または七代目）を身請けした**播磨国姫路《はりまのくにひめじ》（現・兵庫県姫路市）藩主の榊原政岑《さかきばらまさみね》に至っては、二千五百両（約**

**二億五千万円）もの身請け金を払った**という。

しかもこれは身請け金だけの話。実際は祝儀やらなにやらを含めて六千両（約六億円）もの金額を使ったというんだから、恐れ入谷《いりや》の鬼子母神《きしもじん》だ。

一七四一（寛保《かんぽう》元）年、高尾太夫を身請けした政岑は、大名行列さながらに自分の屋敷まで太夫を着飾らせて練り歩いた。しかし、この豪遊が幕府に知られないワケがなく、質素倹約政策を進めていた吉宗の怒りを買い、お咎めを受ける事態になった。

榊原家は改易《かいえき》こそ免れたものの、姫路から越後《えちご》高田（現・新潟県上越市）へ移封《いほう》となり、政岑当人は蟄居《ちっきょ》を命じられた。狂歌でも「酒気腹《さかきばら》」と詠まれてバカにされる始末。トホホ……。

ショックを受けた政岑は、それからわずか十カ月後に死去。享年《きょうねん》二十九。残された高尾太夫は尼となって彼の菩提《ぼだい》を弔ったという。

## 売れっ子遊女「誰袖」をめぐる横領事件

さて、蔦重の周りでも身請けをめぐって、ある事件が起きた。

一七八四（天明四《てんめい》）年、高尾ほどの大名跡《だいみょうせき》ではないが、**吉原大文字屋《だいもんじや》の遊女「誰袖《たがそで》」が、土山宗次郎《つちやまそうじろう》に見初《みそ》められて身請けされる**ことになった。

この宗次郎という男は、老中田沼意次《おきつぐ》のもとで勘定組頭《かんじょうくみがしら》に登用されたエリート武士で、意次の懐刀《ふところがたな》でもあった。

誰袖は売れっ子遊女だっただけに、身請け金はなんと千二百両!!　いくら勘定組頭とはいえ、よくぞこんなお金を持っていたもんだと評判になった。

二人が恋仲になっていた頃、誰袖がこんな狂歌を詠んでいる。

**わすれんと　かねて祈りし　紙入れの　などさらさらに　人の恋しき**

(訳) あの人のことを忘れようと思って、以前いただいた紙入れを見ると、ますますあの人のことが恋しくなるのはどうしてでしょう。

「紙入れ」は、鼻紙や薬などを入れて持ち歩くため「鼻紙袋」とも呼ばれた布や革製の入れ物で、ときに財布としても使用されたものだ。

さすが教養ある遊女だけあって、とても狂歌とは思えない、情緒溢れる歌を詠んでいる。ラブラブな二人の未来に幸あれ!! と思ったのも束の間、意次が失脚するに及んで宗次郎の横領が発覚しちまった。

やっぱりやってやがったかと、みな思ったが、宗次郎はその追及を逃れるために、あろうことか逐電《ちくでん》した。しかし、そうは問屋《とんや》が卸さねぇ。やがて見つかって身請けから三年後の十二月五日、斬首《ざんしゅ》に処されちまった。まあ、因果応報ってやつだ。

## 教えて、京伝!! 「苦界十年」ってどういう意味?

繁栄する吉原遊郭だったが、それを支え、そしてその陰で泣いたのは多くの遊女たちだった。遊女のほとんどは、実家に渡した前借金の返済に縛られ、これを完済するまでは自分の意思でやめることはできなかった。**「苦界十年《くがいじゅうねん》」（公界、苦海とも書く）**という言葉があるように、十代後半から働かされていた遊女たちの年季明けは、十年後の二十代後半のはずだった。

ところが、**遊女たちの平均寿命は二十三歳にも満たなかったと推定されている……。**

劣悪な環境のもとで働かされていた彼女らは体を壊したり、また梅毒《ばいどく》などの病気に罹《かか》ったりして若くして亡くなったため、そもそも年季明けまで務められる遊女自体、それほど多くなかったといわれている。

つまり、大半の遊女たちの寿命は、年季明けの前に尽きていた。

遊郭で亡くなった遊女たちの遺体は、通称 **「投げ込み寺」**※の境内《けいだい》に持ち込まれ、小銭を添えて放置された。その遺体は粗末な棺桶《かんおけ》に入れられ、禿一人が付き添うだけで、あたかも投げ捨てんばかりの葬り方だったことからそう呼ばれた。残念ながら身内が遺体を引き取って弔うというケースは稀だった。

吉原の繁栄も華やかな文化も、こうした悲しい運命を背負った遊女たちの犠牲の上に成り立っていた。それを思うと、泣いても泣いても泣ききれねぇ。

ちなみに、吉原から脱走しようったって、そうはいかねぇ。

吉原の出入り口は扉のない「大門」のみ。男が入る分には問題なかったが、女が大門をくぐって外に出るためには、「切手《きって》」と呼ばれた通行手形を提示する必要があった。「入鉄砲出女《いりでつぽうでおんな》」※じゃないが、女が吉原を出ることは簡単なことじゃなかった。

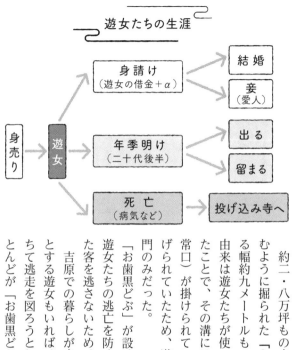

## 遊女たちの生涯

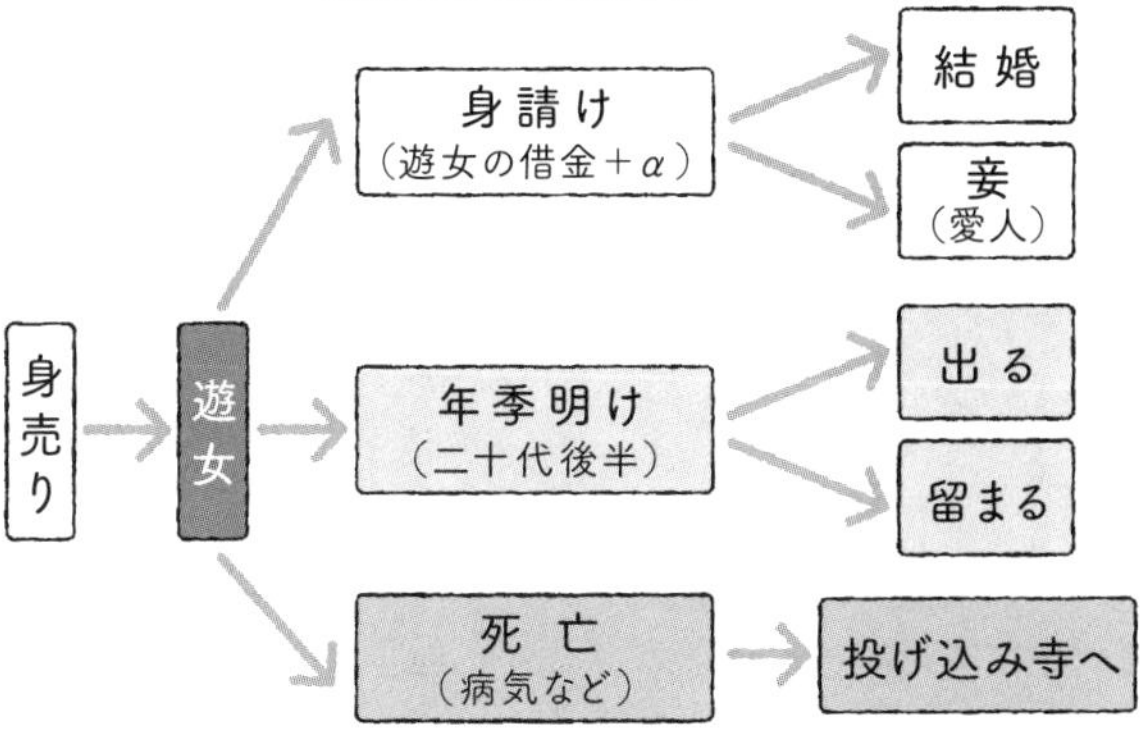


約二・八万坪もの吉原には、ぐるりと囲むように掘られた**「お歯黒どぶ」**と呼ばれる幅約九メートルもの溝があった。名前の由来は遊女たちが使ったお歯黒※の汁を捨てたことで、その溝には九カ所の跳ね橋（非常口）が掛けられていたが、普段は跳ね上げられていたため、遊郭への出入り口は大門のみだった。

「お歯黒どぶ」が設けられた理由は二つ。遊女たちの逃亡を防ぐためと、無銭飲食した客を逃さないため、だった。

吉原での暮らしが辛くなって逃亡しようとする遊女もいれば、馴染みの客と恋に落ちて逃走を図ろうとした遊女もいたが、ほとんどが「お歯黒どぶ」に阻まれて失敗した。その意味で「お歯黒どぶ」は悲しい存在だった。

その「お歯黒どぶ」に沿って東西の河岸に**「河岸見世《かしみせ》」**というエリアがあり、そこに**「切見世《きりみせ》」**という最底辺の遊女屋があった。そこで働く遊女たちは、ふすまで仕切られたわずか二畳ほどの部屋の中でお客の相手をしていた。揚代も安く、花魁のようにお客を選ぶこともできない……彼女たちの人生の前に横たわる過酷な毎日と見通せない将来、それを象徴していたのもまた「お歯黒どぶ」だった。

※「投げ込み寺」……新吉原近くの浄閑寺《じょうかんじ》、元吉原近くの西方寺《さいほうじ》など何カ所かあった。運び込まれた遺体を、寺では無縁仏として葬ったという。

※「入鉄砲出女」……江戸の治安維持のため、「江戸に持ち込まれる鉄砲」（入鉄砲）と、大名の妻女（人質として江戸屋敷に置かれていた）が江戸から脱出するのを防ぐため、「江戸を出る女」（出女）を取り締まったことを端的に表した言葉。特に箱根関《はこねのせき》での取り締まりは厳しかった。

※「お歯黒」……江戸時代の女性は結婚すると「夫に貞節を尽くす」ことの証《あかし》として、眉を剃り歯を黒く染めた。遊女がお歯黒をするのは「一夜妻」を表していた。

# 3章

# 蔦重が版元へと出世

## ——狂歌師「蔦唐丸」と名乗って人脈づくり

# たくましい商魂！「遊女評判記」で蔦重、版元デビュー

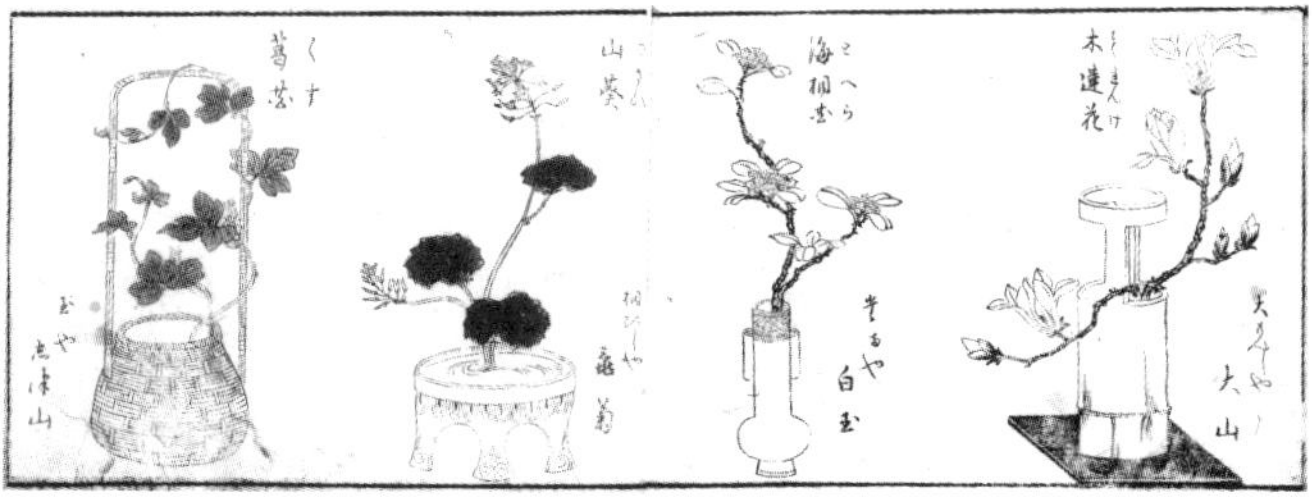

蔦重の記念すべき最初の出版物『一目千本』。
遊女の名前を花に見立てて紹介している。

**一七七二（安永元《あんえい》）年、蔦重《つたじゅう》は吉原遊郭《よしわらゆうかく》唯一の出入り口である「大門《おおもん》」の前に独立した店舗「耕書堂《こうしょどう》」を構えた。**二十三歳にして記念すべき第一号店をオープンだ。

ここは抜群の立地だった。吉原を訪れる遊客は必ずこの店の前を通るんだから商売繁盛間違いなし。「蟻《あり》が鯛《たい》なら芋虫《いもむし》や鯨《くじら》」ってぇもんだ（わかるかな？ わからない人は261ページへGO!!）。

鱗形屋《うろこがたや》から毎年春秋二回発行されるベストセラー「吉原細見《よしわらさいけん》」を扱った蔦重は、順調に売り上げを伸ばし、早くも一七七四（安永三）年七月には**『一目千《ひとめせん》本《ぼん》』**（図版参照）を、翌年三月には**『急戯花乃名寄《にわかはなのなよせ》』**を刊行するに至る。

まだ二十四歳の若造だった蔦重が、わずか一年そこそこで版元（地本問屋《じほんどいや》）の仲間入りを果たしたのは驚くしかない。

さて、記念すべき蔦重初の出版物『一目千本』だが、そのタイトルの意味は「一目で千本もの花を見渡せる」というもの。

本の中を覗いてみるってぇと、趣向を凝らした花器《かき》に木蓮《もくれん》や百合《ゆり》、菊、ぼたんなど様々な美しい花が生けられている絵が描かれ、その一本一本に「○○や(屋)●●」という形で妓楼《ぎろう》名と遊女名が添えられていた。

つまり、**『一目千本』は、吉原遊郭に実在する遊女を挿花《そうか》に見立てて紹介する「遊女評判記」**だったわけだ。さすが蔦重、なかなか粋なアイデアだ。

しかし、挿花の絵から遊女のよし悪しを推し量るのは土台無理な話で、「吉原細見」のようなガイドブック的要素はなかった。いってぇこんなものを誰に売るつもりなんだと思ったら、この本は一般には売らねえよと言いやがる。

実はこの本、妓楼や遊女がお得意先(様)などに配る販促物だったようだ。翌年刊行の『急戯花乃名寄』も同様だった。蔦重は、妓楼や遊女からあらかじめ出資を募ってこれらの本を制作したわけで、売らずとも儲けが出る仕組みだった。まったくもって商魂たくましい蔦重だ。

書物問屋の仲間内で、すでに蔦重は仕事のできる活きのいい若者として有名になっていた。しかし、この二冊の本で絵を描いたのは、浮世絵界の重鎮《じゅうちん》・**北尾重政**《きたおしげまさ》だった。蔦重の背後には鱗形屋がいて、そのバックアップがあったからこそ、『一目千本』や『急戯花乃名寄』が刊行できたことがわかる。まだまだ力不足な蔦重だった。

## 「遊女たちのファッション誌」を西村屋与八と共同出版

まだ版元として半人前だった蔦重が、先輩地本問屋の**西村屋与八**《にしむらやよはち》と組んで作品を世に出したことがあった。

与八は十八世紀半ば頃から錦絵《にしきえ》を手掛け、一代で江戸を代表する地本問屋に成り上がった人物だった。蔦重は『一目千本』を出した次の年、一七七五（安永四）年頃に与八との共同出版を企画する。

与八の得意分野は美人画だったが、そこはアイデアマンの蔦重のこと、判型を従来の中判《ちゅうばん》から大判《おおばん》へと変え、また百枚超えの揃物《そろいもの》とすることでインパクト抜群の本とした。**『雛形若菜《ひながたわかな》の初模様《はつもよう》』**と銘打たれたそのシリーズは、吉原の花魁《おいらん》や遊女たちを描いたもので、田沼《たぬま》時代を中心に活躍した絵師・礒田《いそだ》湖龍斎《こりゅうさい》にとって代表的な作品群となった。

タイトルの「若菜の初模様」は、正月に初めて着る着物の柄のこと、また「雛形」は見本帳のことなので、この本のコンセプトは「吉原の遊女たちをモデルにした、春に流行する着物や髪形などを描いた最新カタログ」というものだった。

発売にあたり、呉服屋とタイアップしていたので、これまた蔦重お得意の「あらかじめ広告費をもらっておいて必ず元を取る作戦」の本だったことがわかる。『雛形若菜の初模様』を手にした読者は、吉原を代表する遊女たちのファッションショーを見ているかのような、華やかな気分になれた。この本は、大好評を博すとともに、それまでの美人画の判型を中判から大判へと変える記念碑的な作品でもあった。

好評を博したこのシリーズは数年にわたって刊行されたが、途中からは西村屋の単独刊行となった。のちに**二代目を継いだ西村屋与八と蔦重とはライバル関係となり、江戸の出版界を盛り上げていく**ことになる。

## 江戸浄瑠璃「富本節」に目を付けて大成功！

「吉原細見」は春と秋、年二回の定期刊行物で、安定した売れ行きを示していた。しかし、「吉原細見」の卸と小売りだけでは一本足打法だ。もう二、三本利益の柱がほしい……。そこで蔦重は、流行していた**富本節**《とみもとぶし》に目を付けた。

三味線《しゃみせん》の音に乗せて歌い語る江戸浄瑠璃《じょうるり》のなかで、「〇〇節」と呼ばれる流派がいくつか出てきたが、十八世紀半ば頃、富本豊前掾《とみもとぶぜんのじょう》が創始したのが「富本節」だった。

豊前掾の実子で二代目の富本豊前太夫《だゆう》は、馬面ながら美声の持ち主で、「いよっ、馬づら豊前!!」と呼ばれて人気を博し、全盛期を迎えていた。蔦重はその人気に目を付け、一七七七（安永六）年に富本節の正本《しょうほん》（音曲の歌詞を記した本）と稽古本《けいこぼん》の出版を手掛け始めた。

どうやって、人気のある富本節の本を出せるようになったかって？

実は**蔦重は、富本節の稽古本出版の株を持っていた伊賀屋**《いがや》**の娘とめでたく結婚した。**政略結婚!?　まあ、そこは言わぬが花の吉野山《よしのやま》ってことで。

正本は初演時に発行されるもので、表紙にはその浄瑠璃所作事《しょさごと》の場面が描かれていたが、北尾政演《きたおまさのぶ》（オイラこと山東京伝《さんとうきょうでん》の画名）や、まだ若き絵師だった喜多川歌麿《きたがわうたまろ》などが画筆をふるった。

富本門弟の師匠が増えて稽古所が増えるなか、稽古本の需要は飛躍的に増加し、一冊四文程度（約百円）の安い本だということも手伝って飛ぶように売れた。

**大江戸八百八町《はっぴゃくやちょう》※のすべての出格子《でごうし》に、富本節の稽古本が置かれているのが見える。**

と描写されるほどだった。出格子というのは、町家の一階の外に突き出した形式の格子のこと。そこに富本節の稽古本が置かれているのが外から見えれば、宣伝効果として抜群だったたってぇわけだ。

※「大江戸八百八町」……江戸市中に多数の町があったことを意味する言葉。開府当初は三百余町だったが、この時代にはすでに千五百町を超えていた。ちなみに江戸の「八百八町」に対抗し、大坂は「八百八橋《ばし》」といわれるほど橋が多い。その多くを町人が架けたというのが大坂人の自慢。

なにかと張り合うもの同士だ。

## 手習いの教科書「往来物」で安定利益を確保

また蔦重は**「往来物《おうらいもの》」**も手掛けるようになった。「往来物」とは手習いに使用される「教科書」にあたるものだった（往復書簡の文例集形式だったことから「往来物」と呼ばれる）。当時、日本が世界一の識字率を誇れたのは、手習所《てならいどころ》（上方では「寺子屋《てらこや》」）が多数開かれていたからで、そこで子供たちの教科書として用いられる往来物の需要は年々増すばかりだった。

内容は幼童向けの実用書だったので、蔦重のような地本屋が扱う商品と位置づけられていた。そこに目を付けた**商売上手な蔦重は、一七八〇（安永九）年から往来物の出版を手掛けた。**薄利多売ではあったが毎年確実に売れ、長く摺《す》りを重ね（増刷）られたので安定した利益が得られたってぇわけよ。

蔦重がその後勝負に出る錦絵や「黄表紙《きびょうし》」などの派手な分野に比べると、往来物は地味だったが、確実に売れる本だった。

## 「狂歌を詠み捨てるだけでは、もったいない！」

こうして着実に版元としての地歩《ちほ》を固めていく蔦重だったが、一方で**狂歌師《きょうかし》「蔦《つたの》唐丸《からまる》」として吉原連《よしわられん》で活動していた。**

蔦唐丸は当時の狂歌界にとって重宝《ちょうほう》な男だった。なんといっても吉原連は妓楼のメンバーで構成されており、蔦唐丸はその吉原でのネットワークを駆使して、狂歌師たちが狂歌を詠み合う場のお膳立てをしたからだ。

そもそも狂歌を出汁にして楽しく集うことが「連」最大の目的であり、狂歌そのものは二義的なものとみなされ、詠み捨てにするのが常だった。

しかし、**目の前で詠み捨てられていく狂歌を見て、蔦重はあまりに勿体《もったい》ないと思うようになってきた。**

ある日の狂歌連の集まり。狂歌三大家のうちの二人、四方赤良《よものあから》と朱楽《あけら》菅江《かんこう》、そして蔦重という仲良し三人組のやり取りだ。

赤良「世の中に たえて女の なかりせば をとこの心は のどけからまし」
蔦重「おおっ、在原業平《ありわらのなりひら》の『世の中に たえて桜の なかりせば 春の心は のどけからまし』のパロディーですね、いいっすねぇ、赤良先生!!」
菅江「いつ見ても さてお若いと 口々に ほめそやさるゝ 年ぞくやしき」
蔦重「こちらも皮肉が利いててスパイシー。でも菅江先生はいつ見てもホントお若いっすよ」
赤良「禁欲禁酒の歌ができたから聞いてくれ。
世の中は 色と酒とが 敵《かたき》なり どふぞ敵に めぐりあいたい」
蔦重「せんせ〜、上手すぎっすよ!! ま、ここは一杯いきやしょう。こんな素晴らしい狂歌がただ消えていくだけなんて惜しすぎらぁ。オレが版元となって本を作り、世に出してぇもんだ!!」

ってな感じの会が毎回毎回、吉原で繰り広げられていた（文責：山東京伝）。
実際のところ、多士済々《たしせいせい》、才能ある文人墨客《ぶんじんぼっかく》が吉原に日夜集っていた。**狂歌連の集**

**まりは一種のサロンであり、そこから江戸の文化が続々と生まれた。**

ただ、こう言っちゃなんだが、蔦重の歌は下手糞《へたくそ》の極みで、よく代作してもらっていた。『南総里見八犬伝《なんそうさとみはっけんでん》』で有名な曲亭馬琴《きょくていばきん》は、「蔦唐丸の歌はオレが全部代作した」と書いている……まあ、話半分くらいに聞いておこう。

蔦重は歌の才能は確かになかったが、気配り上手で、狂歌会の手配はもちろんのこと、終わったあとの打ち上げの手配も万全だった。また、江戸っ子らしく粋で鯔背《いなせ》な色男だから、とにかくモテた。吉原の遊女たちは蔦重にメロメロさ。く〜、うらやましいぜ。

# 『金々先生栄花夢』で恋川春町が「黄表紙」を確立！

十七世紀後半の元禄《げんろく》時代、新春の縁起物としてお正月のお年玉代わりに買われたのが「赤本」と呼ばれた「草双紙《くさぞうし》」（絵草子《えぞうし》、絵双紙）だった。表紙が丹色《にいろ》だったことから赤本と呼ばれたが、造りは粗末で十丁（二十ページ）か十五丁（三十ページ）で完結し、内容も桃太郎とか花咲か爺《じい》さんといった、子供向けの昔話が多かった。

その後、表紙の色が黒いから「黒本」、萌黄色《もえぎいろ》だから「青本」（当時、萌黄色は「青色」と呼ばれていた）と、時代を経て呼び名が変わるにつれて冊数も二冊、三冊のものが増え、内容も次第に大人向けのものになっていった。

そして**一七七五（安永四）年に刊行された『金々先生栄花夢《きんきんせんせいえいがのゆめ》』**の出現によって、赤本以来続いてきた子供向け草双紙の性格が一変する。この作品の出現はまさにエポックメーキングなものだった。

作者の**恋川春町《こいかわはるまち》**は、鳥山石燕《とりやませきえん》門下の浮世絵師でありながら、狂歌を詠み、物語も作った。江戸のシンガーソングライターならぬ、絵師・狂歌師・戯作者《げさくしゃ》の三つの顔を持つマルチな才能の持ち主だった。

春町はこの『金々先生栄花夢』一作によって、主に子供向けだった草双紙を大人も読みうる戯作文学に引き上げ、**新しいジャンル、「黄表紙」を確立する**ということをやってのけた。まさにこれは大事件、たまげた駒下駄《こまげた》東下駄《あずまげた》の世界だ!!

しかし、この黄表紙の嚆矢《こうし》（はじまり）である『金々先生栄花夢』は、残念ながら蔦重ではなく、鱗形屋孫兵衛《まごべえ》によって刊行されている。このとき、蔦重は二十六歳。悔しいが、まだ鱗形屋の域には到達していなかった。

## 教えて、京伝!!

## 『金々先生栄花夢』ってどんなお話？

鱗形屋から刊行された『金々先生栄花夢』は上下二冊、春町の文章に春町の挿絵、つまり**天才恋川春町「自画自作」による「黄表紙」**の金字塔《きんじとう》的作品だ。

その「あらすじ」をざっと紹介しよう。

今は昔、ある田舎町に金村屋《かなむらや》金兵衛《きんぴょうえ》という貧乏な若者がいた。

金兵衛は江戸に出て金を儲け、立身《りっしん》出世しようと思い立った。なにせ名前が金金《きんきん》してるんだから当然だ。

江戸に着いた金兵衛は、目黒不動尊《めぐろふどうそん》の門前にあった粟餅屋《あわもちや》で粟餅を頼む。すると、ちょうど餅を蒸している最中なので待つようにと言われた金兵衛、奥座敷で横になると旅の疲れが出てそのままウトウトと寝てしまった。

……と、そこに駕籠《かご》を従え、多くの手代《てだい》や丁稚《でっち》を率いた立派な裃《かみしも》姿の者が現れた。その者が言うことには、

「ワシは大金持ちの泉屋清三《いずみやせいぞう》の番頭だが、主《あるじ》の清三が隠居することになり、その跡取りを金兵衛に定めたので迎えに行けと言われてここに参った」

と。これは、夢か!?　と疑う間もなく金兵衛は駕籠に乗せられ、大金持ちの清三の屋敷に連れていかれ、清三の養子となって泉屋を継ぐことになった。

夢にまで見た大金持ちになった金兵衛は、相続した莫大な金銀を使って放蕩《ほうとう》の限りを尽くす。昼夜を問わず、吉原遊郭だの深川の岡場所だので大散財だ。

金村屋金兵衛という名から「金々先生」と呼ばれるようになって、みなからちやほやされるが、それもしょせん力づくならぬ金づくでよいしょされているだけのこと。

やがて金が尽きてくると、金兵衛は場末《ばすえ》の盛り場で遊ぶしかなくなる。

いよいよ家が傾きそうになってきたのを知った養父は激怒し、金兵衛を勘当《かんどう》し

て屋敷から追い払っちまう。金兵衛は泣く泣く屋敷をあとにする……。と思ったら、それはすべて金兵衛の夢。ハッと目が覚めると、「粟餅できましたよ～」。ちょうど粟餅が蒸し上がったところだった。

なあ～んだ夢か……。

たとえ栄華を極めたとしても、それは一時《いっとき》の夢のような儚《はかな》いものなのだと悟った金兵衛は、生まれ故郷へ帰ったのであった。ちゃんちゃん。

## 黄表紙――滑稽のうちに社会を風刺した「大人の読み物」

あらすじだけ読むと、「子供だましの話じゃねぇか」と思うかもしれないが（実際は、能『邯鄲《かんたん》』のパロディー）、この作品以前の赤本や黒本、青本と呼ばれた「草双紙」は、平仮名書きの本文に絵入りの小冊子で、内容も「桃太郎」「さるかに合戦」といった子供向けの昔話程度のものだった。だが『金々先生栄花夢』は違った。かの赤良大先生もこう評している。

それまでは子供のための読み物だった草双紙が、この『金々先生栄花夢』の登場によって、大人が楽しむものになった。

大人のための絵本、『金々先生栄花夢』の作品には、**「うがち（穿ち）」**があった。

「うがち」とは「穴をあけること」で、社会や世間という表面《おもてづら》をうがち、その穴の中に隠された真実や弱点を暴露することだった。

滑稽のうちに社会に対する批判や風刺を描いた『金々先生栄花夢』には、その「うがち」があったってぇわけよ。

封建《ほうけん》社会の厳しい現実のなかにあって、唯一ともいえる自由空間だった吉原遊郭の様子をうがち、また現実生活や世相の裏にある実相《じっそう》を鋭くうがった『金々先生栄花夢』は、従来の子供向けの草双紙とは一線を画した大人のための読み物として、「黄表紙」と呼ばれるようになった。

オイラにしちゃあ、説明が堅くなっちまって、すいませんねん亀は万年!!

## 出版界に激震！　重板事件で鱗形屋が大打撃

一七七五（安永四）年に春町の大ヒット作『金々先生栄花夢』を刊行した鱗形屋は、ウハウハだった。

ところが、好事魔多しとはよくいったもので、同じ年、鱗形屋の手代徳兵衛《とくべえ》が、大坂の版元の本を勝手に改題して鱗形屋の本として売り出すという罪を犯してしまった。

既刊の書籍と内容が同じものを無断で刻して出すことは、**「重板《じゅうはん》」と呼ばれる犯罪行為**だった。当然だが、この違反行為は見つかり、張本人の徳兵衛は闕所《けっしょ》（財産没収）のうえ、江戸十里四方追放※という厳しい処罰を受けた。

同時に鱗形屋孫兵衛も責任を問われ、罰金二十貫文《かんもん》（約五十万円）を科せられた。金額としてはそれほどたいしたことはないが、社会的信用を失ったことが商売に大きく響き、鱗形屋はその年の秋の「吉原細見」の刊行を見送らざるを得なかった。

このチャンスを逃す蔦重ではなかった。

「吉原に詳しいオレなら、もっといい『吉原細見』が作れるんだがなぁ」

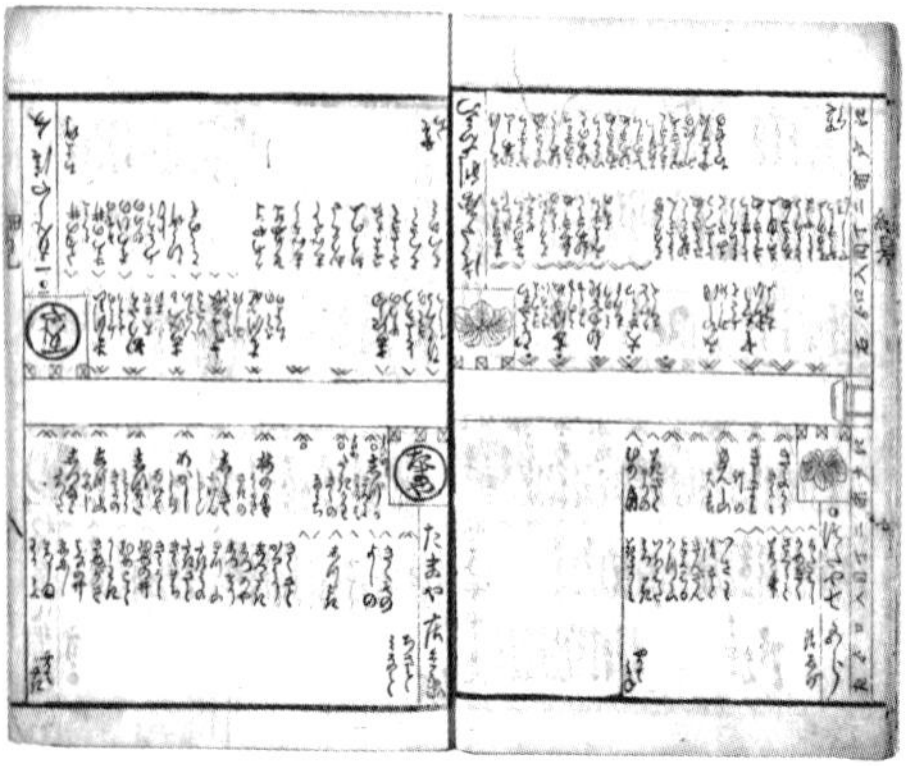

蔦屋版の「吉原細見」。
上掲は1779（安永8）年に刊行されたもの。

と常々思っていた蔦重は、一七七五（安永四）年、**蔦屋版「吉原細見」（『籬《まがき》の花』）を出版**した。

もちろん鱗形屋版のままじゃあ工夫がない。蔦屋版の「吉原細見」は鱗形屋版と違う工夫がされていた。鱗形屋版は一ページ（十五・七×十一センチ）に一軒の遊女屋が載っていたが、蔦屋版は少し大型（十九×十三センチ）で、一ページに上下にらみ合いの形式で妓楼を掲載した（図版参照）。

この工夫により、読者は見やすくなり、一方の版元も丁数（本のページ数）が半分ですんで製作費が抑えられるから、低価格で販売することができた。

また、遊女のランクがひと目でわかるよ

うに印を付けて揚代《あげだい》（遊び代）を明確にしたり、遊女の動向をいち早く入手して反映させたりもした。さらに、蔦屋版には吉原の芸者一覧といったオマケまで掲載されていたんだから、まさに**かゆいところに手が届く**ってぇ代物だ。

さすが蔦重、伊達《だて》に毎日吉原で遊んでたわけじゃねえな。

ついでにこっそり教えておくと、蔦重はお店から広告費を取ってたって噂もある。まったくもって抜け目がねえやつサ。

翌一七七六（安永五）年の春には鱗形屋版も復活し、蔦屋版と鱗形屋版の「吉原細見」が競う並立状態は数年続いていくが、安いうえに最新情報が満載だった蔦屋版が売り上げを伸ばして鱗形屋版を駆逐し、**数年後には「吉原細見」の出版は蔦屋版が独占するに至った。**

※「江戸十里四方追放」……江戸の日本橋から東西南北五里（約二十キロメートル）の範囲内に居住・立入りを禁じる刑罰。在方《ざいかた》（農村）の者は、その村も居住禁止。

# 売れっ子お神酒徳利コンビ——朋誠堂喜三二と恋川春町

この頃、吉原に日参する（笑）**手柄岡持**《てがらのおかもち》という狂名《きょうみょう》を持つ武士がいた。岡持は出羽《でわ》の国久保田《くにくぼた》藩（現・秋田県）の藩士で、本名を平沢常富《ひらさわつねまさ》といい、江戸留守居《るすい》役をしていた人物だった。

江戸留守居役というのは江戸屋敷に常駐し、幕府はもちろん他藩との連絡をはじめとして各種情報の収集にあたる、今でいうところの外交官。しかも愛洲陰流《あいすかげりゅう》※という剣術の開祖の血筋を引く家柄で、硬派のエリート藩士一筋……のはずだった。

ところがこの常富、武士以外の顔をいくつも持っていた。

戯作者としては**朋誠堂喜三二**《ほうせいどうきさんじ》の名で知られ、狂名は前述したように手柄岡持。ほかにも亀山人《きさんじん》（『ドラゴンボール』の「亀仙人《かめせんにん》」じゃねぇよ）、道陀楼麻阿《どうだろうまあ》なんてふざけた名も持っていた。俳号は雨後庵月成《うごあんつきなり》、通称は平角《へいかく》（格）ときたもんだ。まさに七色の名を持つマルチな男。

この才能溢れる男と蔦重は知り合って昵懇《じっこん》の仲になり、さらに一緒に仕事をすることになるんだが、それにはもう少し時間がかかる。

ちょっと話は逸《そ》れるが、常富のようにジャンルごとに名前を使い分け、さらに同じジャンルでも時代を経るごとに名前を変えていくのが、この頃の文人たちの常識だった。当人にとっては、名前の違いによってジャンルや時代を見分けることができる便利なものだが、関係のない人にとってはこれだけ名前が多いとチンプンカンプン。

誰がどの時期にどの名前を使ったのか、どの名前とどの名前が同一人物なのかを理解するのが困難なうえに、あまりに多岐にわたる活躍をされてしまうと、結局誰のことだかわからねぇ。

平沢常富＝朋誠堂喜三二＝手柄岡持＝亀山人＝道陀楼麻阿＝雨後庵月成＝平角……イヤハヤなんとも覚えきれねぇ。まったく迷惑な話だ。

ちなみにこれから先は、基本的には一番メジャーな「喜三二」の名で通すことにするから、よろしく三十六。

※「愛洲陰流」……室町時代に日向《ひゅうが》（現・宮崎県と鹿児島県の北東部）の愛洲久忠《ひさただ》（移香斎《いこうさい》）が編み出した武術の流派で、「陰流」「影之流」「愛洲陰之流」とも呼ばれる。のち、新陰流・柳生《やぎゅう》新陰流など多くの分派を生んだ。

## 「江戸留守居役」の二人――情報収集と称して吉原通い

さて喜三二の武士としての顔である江戸留守居役は、参勤交代で秋田からいらっしゃる殿さま一行をお迎えするにあたって、「おもてなし」をすることが重要な仕事の一つだった。その「おもてなし」のなかには、吉原などの花街の案内も含まれていたのは公然の秘密だ。

つまり、喜三二は仕事の一環として、せっせと毎日吉原通いをして情報を収集していたわけだが、**自称「宝暦《ほうれき》の色男」**とうそぶいていたあたり、文武両道を通り越して文武色三道、いや、生来《せいらい》の遊び人だったにちげぇねえ。ただし、酒は飲めず、下戸《げこ》だったのが玉に瑕《きず》。

吉原で知らぬ人はない通人《つうじん》喜三二は、**恋川春町**というこれまた通人と出会った。春町は喜三二より九歳年下で、駿河の小島《おじま》藩（現・静岡市周辺）に仕える武士だった。喜三二同様、江戸留守居役をしていた……つまり、せっせと吉原通いをしていた（笑）。**境遇が似ていたこともあって二人は意気投合し、莫逆《ばくぎゃく》の友となるのにさほど時間はかからなかった。**

## 「二人三脚スタイル」で大儲けしていたのは…

春町は絵も文もよくする二刀流。喜三二は文のみの一刀流。

「喜三二アニキの文章に、オイラが絵を描くから、どんどん書いてくんねぇ」

こうして、**喜三二が書いた文章に春町が絵を描くという、二人三脚のスタイルが確立**した。春町はすでに『金々先生栄花夢』という大ヒット名作を出していた。

これに刺激された喜三二は、一七七七（安永六）年に、カチカチ山の後日譚《たん》『親《おやの》敵討《かたきうてや》腹鞁《はらつづみ》』、桃太郎の後日譚『桃太郎後日噺《ごにちばなし》』、『鼻峯高慢男《はなのみねこうまんおとこ》』の三作を鱗形屋から出した。もちろん三作とも絵は春町が担当した。

前二作は昔話から題材を採っているが、当世風に変えたり、滑稽味や残酷さを加えたりして、大人の読み物として十分耐えうる内容になっていた。

また『鼻峯高慢男』は、生まれつき鼻の低かった男が、高慢ちきになると鼻が高くなり、慢心を改めると低くなり、最後には獅子鼻《ししばな》になるというオチで締めくくられている、ちょっとスパイシーな作品だ。

喜三二は久保田藩の家臣だったが、実は江戸生まれのちゃきちゃきの江戸っ子。昔話に都会趣味を加えたり、話にオチを付けたりするところは喜三二の独壇場で、江戸っ子の粋を感じさせた。

**喜三二と春町のお神酒《みき》徳利《どっくり》コンビは売れっ子だったが、残念ながらこの段階での版元はすべて鱗形屋だった。**

## 大恩人・鱗形屋孫兵衛が廃業、蔦重は「出版界の寵児」へ！

喜三二が毎日のように吉原通いをしてりゃあ蔦重と出会うのは、あたりき車力車引き、トーゼンのことだ。蔦重は十五歳年上の喜三二のことを「月成さん」(俳号が雨後庵月成なので)と呼んで敬愛した。一方、喜三二は商才ある若き蔦重に肩入れし、蔦屋版「吉原細見」の序文や遊女評判記などを書いていた。

蔦屋が三十歳を迎える頃、重板事件(101ページ参照)をきっかけにして経営不振に陥った鱗形屋は、やがて版元を廃業してしまう。江戸の有力地本問屋として、黄表紙という新ジャンルを切り拓《ひら》くという画期的な活動をしていた鱗形屋だったが、一七八〇(安永九)年、百年以上の歴史に幕を下ろした。

思えば、蔦重が「吉原細見」の卸と小売業に進出できたのは鱗形屋孫兵衛のおかげ。

記念すべき蔦重初の出版物、『一目千本』のバックアップをしてくれたのも孫兵衛。いわば、彼は蔦重の商売上の父親代わりともいえる存在だった。

「寂しいぜ」……心に穴があいたような気持ちになった蔦重だったが、鱗形屋に代わって、今度は蔦重が江戸の出版界をリードしなければならない立場になった。

蔦重、三十一歳。粋で鯔背な江戸っ子が、ここは覚悟を決めてやるしかねぇ!!

**鱗形屋の廃業を受けて、蔦重は一七八〇（安永九）年から黄表紙を出版し始めた。**

鱗形屋から喜三二と春町という二枚看板をそのまま得て、まさに水を得た魚《うお》（「さかな」じゃねぇよ）の如く二人の黄表紙作品を連発し、ベストセラーを重ねていく。

春町は画才と文才を兼ね備えていたので、出す本はすべて自画自作だったが、喜三二は文章だけを書き、絵は親友の春町やほかの絵師に描いてもらった。この頃、喜三二は久保田藩留守居役の筆頭にまで昇り詰め、公私ともに絶頂期を迎えていた。

## 『青楼美人合姿鏡』刊行、江戸っ子のハートをわしづかみ！

蔦重が本を作るにあたって頼りにした、特に初期の絵本出版に寄与した最大の絵師は**北尾重政**だった。

重政は一七三九（元文《げんぶん》四）年、小伝馬町《こでんまちょう》（現・中央区日本橋）の本屋の息子として誕生した。

蔦重より十一歳年上の重政は、本に囲まれるという恵まれた文化的環境のなかで育ち、早くから絵の才能を発揮した。ただし師に付かず独学だったので、苦労の連続だった。試行錯誤を繰り返しながら絵を学んだ重政だったが、蔦重と出会う前にはすでに絵師として独り立ちし、「北尾派」を創始していた。ちなみにオイラこと山東京伝は、重政の弟子の一人で、北尾政演という画名を持っていた。

蔦重が版元として初めて出した記念すべき作品、『一目千本』の挿絵を担当したのが重政だった。**まだ二十歳そこそこだった蔦重としては、すでに重鎮だった重政に絵を描いてもらえたことで最高のデビューを飾れた。**

この本は前にも書いたが、遊女を花に喩《たと》えて描いたもので、趣向を凝らした花器に美しい花が生けられている絵が満載の豪華な造りだった。

蔦重が出版界に本格的に乗り出した際も、重政は勝川春章《かつかわしゅんしょう》（137ページ参照）との合作『**青楼美人合姿鏡**《せいろうびじんあわせすがたかがみ》』（一七七六〈安永五〉年）を刊行して江戸っ子のハートをわしづかみにした。

この本は実在する吉原遊女の艶姿《あですがた》を描いた錦絵と、北尾派の創始者重政という超豪華な絵師の組み合わせ。しかも、彫板《えりいた》（板木）を彫る職人にも超一流どころを起用したってえんだから、息をのむほどの美しさ、売れたのは当たり前だった。

## 北尾重政と門弟が続々と蔦重ファミリーに

各妓楼自慢の遊女たちが意匠《いしょう》を凝らした着物を着たその艶やかな様子を、手の込んだ多色摺で仕上げた『青楼美人合姿鏡』（次ページの図版参照）。さらに驚くべきは、巻末に彼女たちの作による発句《ほっく》が掲載されていることで、**遊女は美しさだけじゃなく、豊かな教養を備えていることがわかる本**になっていた。

これこそが、蔦重が最も世に訴えたかったことだった。

版元として三年目、まだ二十七歳にすぎない蔦重だったが、この本によって江戸の出版界の寵児《ちょうじ》として躍り出た。それもこれも重政・春章コンビの力に負うところが大きかった。

また重政は書も達者で、前述した蔦屋版の往来物（学習書）も執筆した。さらに、戦国大名北畠《きたばたけ》氏の末裔《まつえい》という出自を持つ重政は、秀逸な武者絵本も残した。門弟《もんてい》も多く、北尾政美《まさみ》（鍬形蕙斎《くわがたけいさい》）、北尾政演（山東京伝、つまりオイラだ）らが重政のもとで育ち、のちに蔦重ファミリーの一員となった。

北尾重政と勝川春章の『青楼美人合姿鏡』。
遊女たちの艶姿は息をのむほど美しい。

重政の描いた絵本や黄表紙の挿絵は計百点以上にのぼり、のちに活躍する鳥居《とりい》清長《きよなが》や葛飾北斎《かつしかほくさい》らに影響を与え、まだ若かった喜多川歌麿の面倒も見た。四方赤良は重政のことを評して、

近年の名人なり。重政没してより浮世絵の風鄙《いや》しくなりたり。

と高く評価した。大家となってからも若手に交じって版本の挿絵を描くことをやめなかった**重政は根っからの本好き小僧**だった。リッパなお人だ。

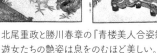

# ブッ飛んだ万能の天才・平賀源内と蔦重の交歓

源内せんせぇ!
ひとつ「吉原細見」の序文をおねげぇいたしやす!
平賀源内
では、「平賀ぶり」にて
さらさら
『男色細見』…天才はやることが違うねぇ
おぉお〜!
あっ
その後の源内、酔った勢いで殺人を犯して獄中死
先生、平賀ぶりにもほどがありますぜ…

田沼意次が老中に就任したのが、一七七二（明和九《めいわ》）年のこと。その年に吉原大門前に書店「耕書堂」を構えた蔦重は、「吉原細見」で確実に稼ぎ、恋川春町と朋誠堂喜三二、そして北尾重政らの助けを借りながら版元として歩み出していた。

世は「田沼時代」に入り、貨幣経済が発達して大都市江戸がバブリーな様相を呈し始めるとともに、文化的にも田沼時代を象徴する出来事がいくつかあった。

その一つは『**解体新書**《かいたいしんしょ》』が刊行されたことだった。

この日本初の解剖学書は、オランダ語で書かれた、通称『ターヘル・アナトミア』を日本語に翻訳したものだった。

翻訳したのは蘭方医《らんぽうい》だった杉田《すぎた》玄白《げんぱく》や前野良沢《まえのりょうたく》らだったが、オランダ語の知識を持っていた者は皆無。辞書もなかったため、翻訳作業は難航した。

「こりゃあ、もはや暗号解読だよ。チチンプイプイ、じゃねぇや、チンプンカンプンだねぇ」と言いながらも苦心惨憺《さんたん》の末、なんとか翻訳作業は終わった。残すは解剖図を写し描くだけだったが、いい画家がいない。

このとき、助け船を出したのが玄白の友人、**平賀源内**《ひらがげんない》だった。

源内は玄白らが解剖図を描く画家を探していることを聞き、**小田野直武**《おだのなおたけ》を紹介した。

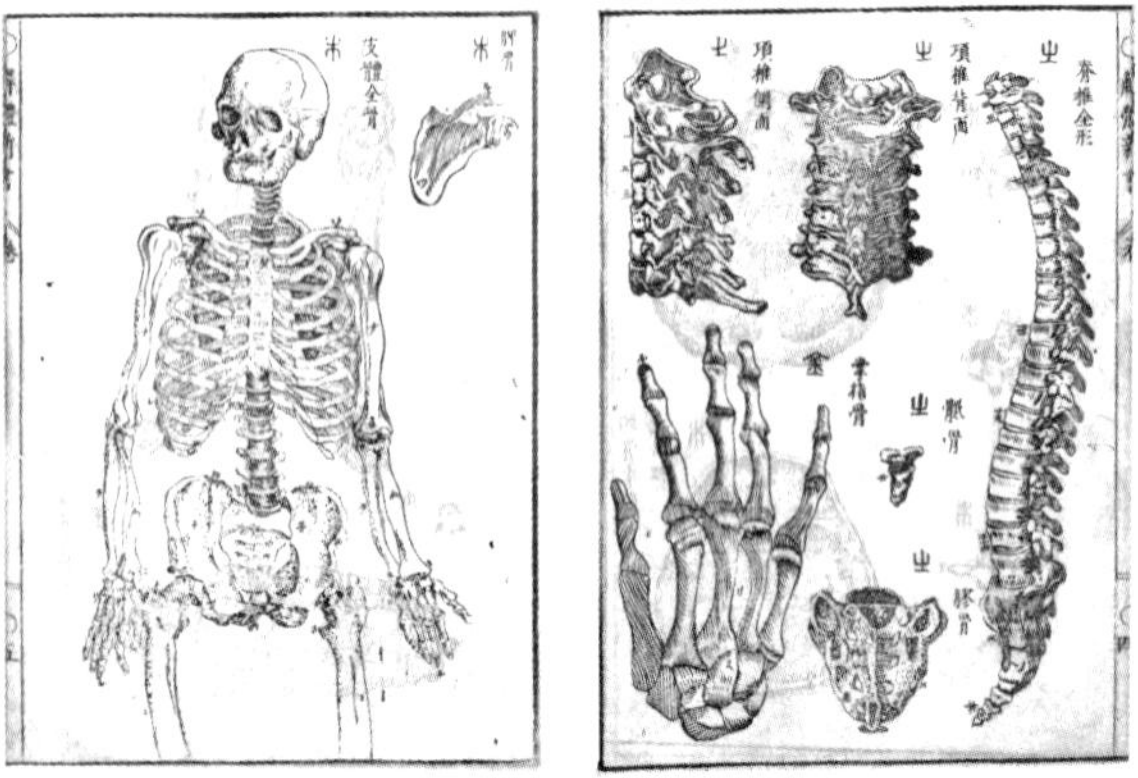

小田野直武が挿絵を担当した『解体新書』。
陰影法など西洋画法を用いて細密に描かれている。

直武は久保田藩角館《かくのだて》（秋田県仙北《せんぼく》市）の藩士で画家だった。

源内の紹介で『解体新書』の図版の原画を描くことになった直武だが、まだ若く、その重責を担うことをためらった。「『どうしても』と言われて断れず、下手なりに必死に描きました」と、謙虚なことを言っている直武だが、実際は**半年という短期間で見事な解剖図を描いて男を上げている**（図版参照）。てぇしたもんだ。

一七七四（安永三）年、『解体新書』は日本橋の版元・須《す》原屋《はらや》市兵衛《いちべえ》のもとで刊行された。この年は蔦重が『一目千本』を刊行した年でもある。

『解体新書』は幕府の禁忌《きんき》に触れる可能性

があったが、世は「田沼時代」。蘭学にも寛容だった意次は、『解体新書』という画期的な書を咎めることはなかった。

次の老中松平定信《まつだいらさだのぶ》の厳しい取り締まりに比べると、田沼時代は本当に（ゆるくて）いい時代だったってぇ気がするぜ。

## 宣伝効果抜群！　平賀源内に「吉原細見」の序文を依頼

ところで、玄白らに直武を紹介した**平賀源内という男はとんでもない天才**だった。ルネッサンスを代表する万能の天才がレオナルド・ダ・ヴィンチだとするなら、江戸時代を代表するブッ飛んだ万能の天才は、平賀源内で決まりだ。

活躍した分野を軽く挙げるだけで、本草《ほんぞう》学、地質学、蘭学、医学。ここまでで四つの分野を制覇だ。さらに、戯作者、浄瑠璃《じょうるり》作者、俳人、蘭画家ときて、最後に「源内といえば、火浣布《かかんぷ》（燃えない布）やエレキテル（静電気発生機）の発明で締めくくり!!」……って言いてぇところだが、正確には源内が行ったのは「発明」ではなく「再現や修理・復元」だ。

おっと、忘れちゃいけねぇ、**土用《どよう》の丑《うし》の日に鰻《うなぎ》を食べる風習を流行させたのも源内**だといわれているし、さらに歯磨き粉のCMソングの作詞作曲を手掛けたり、有名店の餅の広告（引き札）コピーまで手掛けたりしているんだから、コピーライターという職業も付け足さなきゃいけねぇ。

名前も多くて紹介しきれない。「源内」はあくまで通称。画号は「鳩渓《きゅうけい》」、戯作者としては「風来山人《ふうらいさんじん》」、貧乏だった自分を自虐的に「貧家銭内《ひんかぜにない》」などと名乗っていたこともある。多才すぎると紹介するのもてーへんだ。

そういえば、「起承転結」とは何かを説明する際によく使われる、次の歌の作者という説もある。

京都三条の糸屋の娘　（起）
姉は十八、妹は十五　（承）
諸国大名は弓矢で殺す（転）
糸屋の娘は目で殺す　（結）

源内は蔦重より二十歳以上も年上だったが、その高名に目を付けた**蔦重は、改訂を頼まれた鱗形屋版の「吉原細見」（『細見嗚呼御江戸《さいけんああおえど》』）の序文を源内に頼んでいる。**頼まれればなんでも引き受けるのが源内のいいところ。さすが江戸っ子!! と言いてぇところだが、源内は讃岐《さぬき》（現・香川県）の生まれ。まあ、それはおいといて、蔦重のために見事な序文を書いてくれた。

「時の人、天才平賀源内先生の序文付」となりゃあ宣伝効果は高く、様々な工夫を凝らしたこともあり、初めて蔦重が編集に関わった「吉原細見」の売り上げは絶好調だ。

## 天才は「不遇」の鬱憤を創作で晴らす！

源内は一七二八（享保《きょうほう》十三）年、讃岐国寒川《さむかわ》郡（現・香川県さぬき市）の足軽《あしがる》の三男として生まれ、幼い頃からマルチな才能を発揮して周りを驚かせ、「天狗小僧《てんぐ》」と呼ばれていたってぇんだから、神童だ。

その後、一七五二（宝暦二）年頃に長崎へ遊学したのを皮切りに、大坂、京都、そして数年後には江戸へと下った。天才にありがちな浮浪雲《はぐれぐも》の人生を過ごしている。

「二十歳過ぎればただの人」というのは源内にはあてはまらず、二十歳過ぎてますますパワーアップした源内の天才ぶりは世間の耳目《じもく》を集めていた。ただ、あり余る才能を持ちながら山師《やまし》扱いされて仕官はかなわず不遇に甘んじていた。**源内は天才ゆえに強い矜持《きょうじ》を持ち、ちっと変人、いや奇人だった。**思ったように仕官がかなわなかったこともあって鬱憤《うっぷん》が溜まっていた。戯作者としては「風来山人」と名乗った源内は、その鬱憤を晴らすかのように、「うがち」（100ページ参照）によって社会や世相を批判する本をいくつも書いた。

一七六三（宝暦十三）年の『根南志具佐《ねなしぐさ》』の序文はこんな感じだ。

**釈迦が口先で人をだまし、老荘《ろうそう》は戯言《たわごと》を言い、紫 式部《むらさきしきぶ》は嘘八百を並べ立てるの**にはとてもかなわないが、ただ人情を論ずるだけなら、まあできなくはないから筆を執ることにした。

釈迦も老荘も紫式部さえも、源内に言わせればみんな「嘘つき」。ならば、オレだって嘘八百くらい並べ立てられるさ、ってな具合で書いた『根南志具佐』は、**「地獄**

**の閻魔《えんま》大王様が、実在する江戸歌舞伎の女形《おんながた》スター、瀬川菊之丞《せがわきくのじょう》に片想いをする」というトンデモない設定。**

しかも、その年に実際に起きた女形の歌舞伎役者、二代目荻野八重桐《おぎのやえぎり》の「謎の水死事件」を題材にしているってぇんだから、恐れ入谷の、じゃなくて恐れを知らねぇ源内先生だ。一つ間違えば幕府に睨《にら》まれて「御用!!」ってところだよ。

## ブラックな笑いがさく裂！「平賀ぶり」が江戸っ子に大好評

話はファンタジーを通り越して奇想天外。神話や昔話を下敷きに、鬼や河童《かっぱ》はもちろん、天照大神《あまてらすおおみかみ》や竜宮城《りゅうぐうじょう》の龍王まで登場するオールスターの豪華メンバー。

さて「八重桐水死の真相やいかに!?」と興味津々で読み進むと、話は出鱈目《でたらめ》、全編ギャグの大嵐《おおあらし》。しかもよく読むと**ボーイズラブの世界！**

実はこの本を書いた源内の真の目的は、封建的な幕藩体制に対する批判と、因習に縛られた社会への風刺と罵倒《ばとう》。地獄の閻魔様や竜宮城の龍王はあくまでカモフラージュにすぎなかったのサ。

これを読んだ江戸っ子や武士階級の一部は、源内の本当の意図を感じ取り、その痛快さに腹をよじって笑った。**源内の、このブラックな笑いを取る文章は「平賀ぶり」と称され、後世の戯作者たちに多大な影響を与えた。**

ちなみに『根南志具佐』は、世相を揶揄《やゆ》する「談義本《だんぎぼん》」というジャンルに分類される本で、源内が幕府の権威や封建社会を（オブラートに包んだ形ではあるが）手当たり次第にコケにしていく様は、痛快極まりないものがあった。

こうした「平賀ぶり」がさく裂するのを、心待ちにしていた読者は多かった。

## 「マルチな活躍」がかえって仇《あだ》に!? 源内、獄中で死す！

時を少し戻そう。

源内が『解体新書』の解剖図を描いた画家の直武と知り合ったのは、一七七三（安永二）年に源内が鉱山開発の技術指導（こんなこともできるんだねぇ）のために角館を訪れたときのこと。

まだ若き直武の画才を見込んだ源内は、

「お供《そな》え餅を上から描いてみなさい」

と命じた。日本画家だった直武は、言われるがままに餅を上から見て丸い輪郭のみで描いたが、それを見た源内は「まだまだじゃのう」と言って、陰影や遠近法の表現方法がある西洋絵画のほうが、立体を描きやすいことを直武に教えた。

感動した直武は源内から西洋絵画の技法を教わり、それがのちに『解体新書』の解剖図の表現に生かされた。さらに、久保田藩で藩主も巻き込み、「秋田蘭画」として発展させた。ちなみに**源内の画力は、素人に毛が生えた程度だったんだが……（笑）**。

マルチに活躍していた源内だが、一七七九（安永八）年に大名屋敷の修理を請け負ったのがいけなかった。

その修理中に源内はなんと、大工の棟梁《とうりょう》二人を殺しちまったのよ。

大切な修理計画書を盗まれたと思った源内は、怒りに任せて二人の男を殺してしまったが、実は源内が酔っぱらっていたために起きた勘違いだった。

理由はどうあれ、殺人は殺人。**源内は投獄《とうごく》され、その一カ月後に獄中で破傷風《はしょうふう》にや**

られて死んでしまった。享年五十二。

嘘で丸めた世の中で、偽りならぬものは、ただ生まれた者が死ぬことのみ。

こううそぶいていた源内だが、早すぎるその死を多くの人が惜しんだ。

ちなみに、直武も事件との関わりを疑われて謹慎処分を受け(もちろん冤罪《えんざい》)、のち赦《ゆる》されたものの、その後急死した。享年三十一。とんだとばっちりを受けたもんだ。

## 教えて、京伝!!

## 源内先生は男色家ってホント?

源内の友人だった玄白が書いた墓碑銘《ぼひめい》が残されている。書き下し文で紹介しよう。

ああ非常の人、非常の事を好み、行ひこれ非常、何ぞ非常に死するや。

㊗ ああ非常識な人よ。あなたは常識を超えたことを好み、常識を超えて行動した。しかし、どうして死に様まで常識を超えてしまったのか。

玄白の嘆き具合が伝わってくる碑文だ。

「非常の人」、そして孤高の天才平賀源内の噂は老中田沼意次の耳にも届いていた。

意次は源内のことを高く評価し、オランダ商人のいる長崎の出島《でじま》に遊学させたこともあった。一方、源内のほうも「意次の夫人や子供たちが、しばしばオレの家を訪れてエレキテルを見学してったもんさ」と、鼻高々に書簡に記している。

ところで、**源内は男色家《なんしょくか》で生涯妻帯せず、子供もいなかった。**当時、男色（衆道《しゅどう》）は武士のたしなみであり、それほど珍しいことではなかったが、源内は数人の男性と同居していたというんだから、穏やかではない。

源内は男色関連の著作として、「陰間《かげま》茶屋《ぢゃや》」案内書の『江戸男色細見《えどなんしょくさいけん》 菊《きく》の園《その》』や、男色案内の『男色評判記 男色品定《なんしょくしなさだめ》』を著している。男色行為は「陰間」と称され、陰間茶屋は男娼《だんしょう》を手引きする茶屋だったので、**源内は「吉原細見」の男娼バージョンを書いた**わけだ。

男色者には歌舞伎役者の卵も多かった。それは「役者買い」と呼ばれたが、彼らは若くて美男子なうえに、贔屓《ひいき》の客を作るためという切実な理由もあった。蔦重の時代に活躍した**四代目松本幸四郎**《まつもとこうしろう》（初代市川染五郎《いちかわそめごろう》）は、若い頃に陰間を経験し、苦労の末に大看板役者として大成したという経歴の持ち主だ。

また源内は、「若侍百人と御殿女中百人《ごてんじょちゅう》がいっせいに交わる」という話の好色本《こうしょくぼん》や、未刊だが『乱菊穴捜《らんぎくあなさがし》』という、書名から想像するだけでもヒワイな本も書き残している。いやはや、天才は奇人・変人でもあるということの見本のようなお人だ。

**春も立ち　また夏も立ち　秋も立ち　冬も立つ間に　なえるむだまら**

「風来山人」の狂名で源内が残した狂歌だ。「あさだちも　小便までの　いのちかな」という（男性なら「なるほど」と思う）川柳もあるが、年を取り、「（立たなくなって）なえる」ムスコを持った男性の淋《さび》しい気持ちが、「むだまら」という言葉に託されている。泣けるねぇ。

# 4章

# 「時代と寝る男」蔦重の大躍進！

## ――天明の大狂歌ブーム

# 狂歌界の二大巨頭が激突！ そのとき蔦重は…

気が付くと、田沼意次《たぬまおきつぐ》が老中《ろうじゅう》に就いてから十年の歳月が過ぎていた。意次の行った重商主義政策によって、世の中はバブルに踊り、享楽《きょうらく》的なムードが漂っていた。「踊る阿呆《あほう》に見る阿呆。同じ阿呆なら踊らにゃ損々」ってなもんだ。

そんななか、狂歌ブームが頂点を迎えたのは、一七八三（天明《てんめい》三）年のこと。その正月に、**唐衣橘洲《からごろもきつしゅう》撰『狂歌若葉集《きょうかわかばしゅう》』**と、**四方赤良《よものあから》撰『万載狂歌集《まんざいきょうかしゅう》』**が刊行された。狂歌界の二大巨頭が激しくぶつかったこの二冊の本によって、狂歌は爆発的流行を見た。

先に本の企画をしたのは橘洲だったが、その編集方針に異を唱えて、あと出しじゃんけんで別の本の編集を始めたのが赤良。それに協力したのが朱楽《あけら》菅江《かんこう》だった。

それまでは「連《れん》」同士、競い合ってはいても仲良しだった。そもそも橘洲と赤良は力を合わせて狂歌ブームを作った本家本元の二人だ。ところが、ここにきてお互いのプライドがぶつかっちまった。

狂歌三大家が、二つに分かれての大喧嘩だ。

「火事と喧嘩は江戸の華」※っていうが、狂歌界の主導権争いが勃発《ぼっぱつ》したんだから、この戦いに江戸っ子は大注目だ。

「さあ、どっちが勝つか、オレは橘洲に一票」
「てやんでい、べらぼうめ！　赤良の『万載』の勝ちに決まってるじゃねぇか」

と、江戸っ子も二つに分かれて大喧嘩だ。勝負は、本の売れ行きではっきりとついた。**赤良側が完全勝利、橘洲側は落ちぶれていった。**

二冊に共通して入っている狂歌師もいたが、橘洲が伝統的な歌道を重んじた上品で温雅《おんが》な狂歌を撰《えら》んだのに対して、赤良は大胆奇抜で機知に富んだ狂歌を撰んだ。新しもの好きな江戸っ子の多くが支持したのは、赤良のほうだった。そもそも書名の『万載狂歌集』は、伝統ある『千載和歌集《せんざいわかしゅう》』のもじりってところからしてウケた。

以後、狂歌界の盟主として赤良一派が活躍していくことになる。

橘洲も赤良も先輩として尊敬していたオイラとしては、仲間割れみたいで、なんだかやるせないが、**蔦重はこの天明の狂歌ブームに商売のチャンスを見出していた。**

※「火事と喧嘩は江戸の華」……江戸は人家が密集していて火事が多く、火消しの働きぶりが華々し

かった。また江戸っ子は気が短くて喧嘩が多かった。この二つが江戸の名物だった。

## 『万載狂歌集』の爆発的ヒットに商機を見た蔦重

大ヒットした赤良の『万載狂歌集』の版元は須原屋《すはらや》だった。

須原屋は江戸時代初期からの江戸の版元で、硬い専門書や上方からの「下り本」（46ページ参照）だけでなく、江戸の地でできた「地本《じほん》」も扱って発展してきた。**「江戸書林の魁《さきがけ》」**とも呼ばれ、総本家の須原屋茂兵衛《もへえ》から暖簾《のれん》分けによっていくつもの「須原屋」が出るくらいの繁栄ぶりだった。

須原屋は丸の内（現・千代田区丸の内）地域に居住していた武士を対象に、旗本・大名の名鑑である「武鑑《ぶかん》」の出版を一手に引き受けていた。また、仏書・儒書《じゅしょ》・医書（『解体新書《かいたいしんしょ》』も須原屋）など公的な書物を多く手掛ける硬派の版元（書物問屋《しょもつどいや》）だったので、狂歌など遊びの文芸にはあまり興味を示さなかった。

蔦重にとってこれはチャンスだった。

『万載狂歌集』が刊行され、江戸で狂歌が爆発的な人気を獲得していた頃、蔦重は

「蔦唐丸《つたのからまる》」という狂名《きょうみょう》を名乗って「吉原連《よしわられん》」に属して活動していた。**気が付くと蔦重の周りには、第一級の才能を持つ文人墨客《ぶんじんぼっかく》が多数いた。**吉原という磁場が多くの才能を引き寄せていたってぇわけだ。

田沼時代というバブリーな追い風も吹いていた。狂歌、戯作《げさく》のみならず、その後発展する浮世絵についても、その発生の場の中心に蔦重はいた。ラッキーな男だ。

**「吉原は重三《じゅうぞう》（蔦重）、茂兵衛は丸の内」**

やがてこんな風にいわれるようになる……まだ若かった蔦重には、その予感と確かな手ごたえがあったのサ。

## 花の日本橋に「耕書堂」が進出！

蔦重が目を付けたのが、吉原で「おもてなし」をしていた**文人墨客とのネットワーク**だった。蔦唐丸と名乗って狂歌師デビューしていた蔦重だが、酒席をともにし、妓《ぎ》楼《ろう》「大文字屋《だいもんじや》」に一緒に登楼したのは吉原連の狂歌師だけじゃなかった。

北尾派の祖の北尾《きたお》重政《しげまさ》。その弟子で、やがて葛飾北斎《かつしかほくさい》と並び称される北尾政美《まさよし》。同じく弟子の北尾政演《まさのぶ》（オイラの画名ね）。のちに江戸琳派《りんぱ》の祖となる酒井《さかい》抱一《ほういつ》。そして、のちに美人画で大ヒットを飛ばす喜多川歌麿《きたがわうたまろ》。錚々《そうそう》たる絵師たちだ。

そして、なんといっても蔦重にとって大きかったのは、**狂歌界最大のネットワーカー四方赤良（大田《おおた》南畝《なんぽ》）**との出会いだった。

一七八一（天明元）年十二月十日。

この日、赤良、菅江、恋川春町《こいかわはるまち》、そして蔦重の総勢四人で吉原の大文字屋で遊んでいる。その数カ月後、再び吉原に赤良を招いた蔦重は、菅江、春町に加えて朋誠堂喜《ほうせいどうき》三二《さんじ》、重政、勝川春章《かつかわしゅんしょう》、鳥居《とりい》清長《きよなが》など、なんと総勢約二十人を招待するという大盤振る舞いをした。

こうした綺羅《きら》、星の如き才能を目の前にして蔦重は思った。「吉原で構築した文人墨客たちとのネットワークを生かして、それを狂歌絵本や戯作、さらには浮世絵の出版へとつなげることがオレの使命だ」と。

一七八三（天明三）年、江戸の一流版元が軒を連ねる日本橋の通油町《とおりあぶらちょう》（現・中央

区日本橋大伝馬町《おおでんまちょう》）にあった地本問屋《じほんどいや》の店舗を買い取った蔦重は、そこに新たに「耕《こう》書堂《しょどう》」をオープンさせ、

**花のお江戸に耕書堂あり‼**

と高らかに宣言した。

まさに田沼時代のど真ん中、蔦重も三十四歳、バリバリの男盛りだ。**「時代と寝る男、蔦重」の真価を発揮するときが、いよいよやって来た‼**

ちなみにその新居に、二十年以上別れ別れになっていた父母を呼び寄せて一緒に暮らし始めた。ただ、父親と母親への愛情の度合いはかなり違っていた。

母の津与《つよ》が一七九二（寛政《かんせい》四）年に亡くなると、その翌年、蔦重は墓を立派なものに建て直し、さらに母の遺徳を讃《たた》える墓誌まで作らせた。一方、父が亡くなったあとは墓誌なんて作らせていない。蔦重にとっておっかさんは格別な存在。対するおとっつぁんへの愛情は、それほどでもなかった……。

# 出版界の風雲児・蔦重を取り囲む文人墨客ネットワーク

まだまだ
いらっしゃいますよ～
続けて自己紹介
お願いします!!
二刀流
黄表紙を確立した
春町でーす、
エッヘン
ボンボンの
抱一でござる
オイラがナビの、
京伝でい
23歳
23歳
40歳
その他
謎が謎を呼ぶ男、
写楽だよ
ほかにも、
豪華メンバーが
おっと
オレたちも
忘れないで～
馬琴
一九
北斎

それにしても、当時の蔦重の周りを取り囲むメンバーは豪華絢爛《ごうかけんらん》だ。どれほど多くの一流文人墨客と交際していたか、まずは一覧を見てくんねぇ。

◆狂歌仲間

**朋誠堂喜三二《ほうせいどうきさんじ》（手柄岡持《てがらのおかもち》）**……黄表紙《きびょうし》界で知らぬ者なし。恋川春町の親友でもある。

**宿屋飯盛《やどやのめしもり》（石川雅望《いしかわまさもち》）**……蔦重の狂歌本の編集多数。盟友だ。

**四方赤良《よものあから》（大田南畝《おおたなんぽ》）**……武士にしてマルチな才能を持つネットワーカー。

**朱楽菅江《あけらかんこう》**……赤良、唐衣橘洲《からごろもきつしゅう》とともに天明狂歌ブームを築いた狂歌三大家の一人。

◆絵師

**勝川春　章《かつかわしゅんしょう》**……葛飾北斎の師匠。勝川派という一大勢力を築いた。

**北尾重政《きたおしげまさ》**……北尾派の祖。蔦重初の出版物『一目千本《ひとめせんぼん》』の挿絵を担当。

**北尾政美《きたおまさよし》（鍬形蕙斎《くわがたけいさい》）**……重政の弟子。蔦重の出版した黄表紙の挿絵を多数担当。

**鳥居清長《とりいきよなが》**……鳥居派の絵師。八頭身の美人画を確立し、一世を風靡《ふうび》した。

**喜多川歌麿《きたがわうたまろ》**……「美人大首絵《おおくびえ》」の元祖。蔦重と組んで大スター絵師となる。

**東洲斎写楽《とうしゅうさいしゃらく》**……わずか十カ月の活動期間で姿を消した謎の絵師。

◆二刀流

**恋川春町《こいかわはるまち》（酒《さけの》 上不埒《うえのふらち》）**……狂歌師・絵師・戯作者。黄表紙の元祖。喜三二と親友。

**酒井《さかい》抱一《ほういつ》（尻焼《しりやけの》 猿人《さるんど》）**……狂歌師。のちに江戸琳派《りんぱ》を代表する絵師となる。

**山東京伝《さんとうきょうでん》（北尾《きたお》政演《まさのぶ》）**……蔦重の弟分。絵師にして黄表紙・洒落《しゃれ》本《ぼん》の第一人者。

◆次世代を担う若者

**十返舎一九《じっぺんしゃいっく》**……蔦重の家に寄宿していた。滑稽本《こっけいぼん》『東海道中膝栗毛《とうかいどうちゅうひざくりげ》』の作者。

**曲亭《きょくてい》（滝沢《たきざわ》）馬《ば》琴《きん》**……京伝の弟子格で蔦屋の手代《てだい》。読本《よみほん》の第一人者となる。

**葛飾北斎《かつしかほくさい》**……世界的な浮世絵師として有名。二代目蔦屋とのほうが付き合いが深い。

ついでながら、**一七八三（天明三）年、蔦重が三十四歳で日本橋通油町に耕書堂を新たにオープンさせたとき、これらのメンバーが何歳だったかを見てみよう。**

## ◆蔦重より年上

一番の年上は五十八歳の勝川春章、次いで四十九歳の朋誠堂喜三二、四十五歳の北尾重政と続く。

春章と重政の二人は、蔦重のもとで『青楼美人合姿鏡《せいろうびじんあわせすがたかがみ》』を合作して世に送り出したのは前に話した通りだ。十五歳年上の喜三二には、弟分として可愛がってもらった。

**この大恩ある三人には、まったくもって頭が上がらねぇ蔦重だ。**

蔦重より十歳年上の四十四歳、朱楽菅江には狂歌絵本の序文をたくさん頼んだ。四十歳の恋川春町は喜三二の親友。春町と喜三二の二人は、鱗形屋《うろこがたや》で何作か共作したのち蔦重のもとに移り、ヒット作を連発していく。蔦重にとっての恩人といえる。菅江と春町は、これまた足を向けて寝られないお二人だ。

## ◆同年代

蔦重とほぼ同年齢のメンバーには、三十五歳の四方赤良（大田南畝）、三十二歳の鳥居清長、三十一歳の宿屋飯盛（石川雅望）、推定三十一歳の喜多川歌麿がいる。

蔦重は彼らと吉原でよく飲み、よく遊び、よく仕事をした。ただし、赤良は武士でデビューも早く、一つ年上といってもすでに「大先生」だったから、ちょっと近寄りがたい風格があった。清長もすでに売れっ子絵師だったから、先生扱いだ。

気の置けない仲としては飯盛と歌麿がいた。**特に推定三歳年下の歌麿は、その才能を見込んで子飼いにしていた。**これがあとで大ヒットを生むことになる。

### ◆年下

年下には、二十四歳の葛飾北斎、二十三歳の酒井抱一（尻焼猿人）、同じく二十三歳の山東京伝（北尾政演）、二十歳の北尾政美（鍬形蕙斎）、二十歳の十返舎一九、まだヒヨッコにすぎない十七歳の曲亭（滝沢）馬琴がいた。

**とんでもねぇ才能に満ち満ちた面々だ。**このメンバーは蔦重の死後に活躍することになるわけだが、蔦重の眼力《がんりき》がいかに優れていたか、読者の方々はおわかりになるだろう。ちなみに**正体不明・年齢不詳の写楽**は、生前の蔦重のもとで大旋風《だいせんぷう》を巻き起こした。そのことはまたあとでじっくり語るとして、ここはまず「蔦重より年上」の春町について語っていこう。

## 蔦重の成功に欠かせなかった男――恋川春町

**蔦重が出版界の風雲児《ふううんじ》となるために、絶対に欠かせない人物が何人かいた。その一人が恋川春町だった。**そう、喜三二とお神酒徳利のあの春町だ（108ページ参照）。

春町は蔦重より六歳年上の一七四四（延享《えんきょう》元）年生まれ。本名は倉橋格《くらはしいたる》。駿河《するが》の小島《おじま》藩（現・静岡市周辺）に仕える武士で、留守居《るすい》役として江戸に住んでいた。

江戸勤めのかたわら、狩野《かのう》派の鳥山石燕《とりやませきえん》や浮世絵師の勝川春章に師事した。小島藩上屋敷があった「小石川春日町《こいしかわかすがちょう》」（現・文京区小石川・本郷周辺）にちなんで「恋川春町」という画号を使い始めたあたりはシャレてるね。また狂名「酒上不埒」を名乗って狂歌もよくした。「酒の席は無礼講《ぶれいこう》、不埒でいこうじゃねぇか」ってぇ気持ち、オイラはよくわかる。

元祖二刀流の春町＝不埒の狂歌を一つ紹介しておこう。

もろともに ふりぬるものは 書出《かきだ》しと くれ行《ゆく》としと 我身なりけり

㊟ 揃ってやって来るものは、ツケの請求書と、くれゆく年と、そして一つ年を取る我が身。まったくもって三重苦だ。

「書出し」というのは「溜まっている代金の請求書」のこと、つまり「ツケの請求書」。ツケ払いの金を「くれ」と、年の「暮れ」を掛けるあたり、上手いね。

ちなみにこの狂歌は本歌取り。『百人一首』の六十六番、前大僧正行尊《さきのだいそうじょうぎょうそん》の歌はこちらだ。俗と雅、いや、粋と雅の違いを味わってくんねぇ。

もろともに あはれと思へ 山桜 花よりほかに 知る人もなし

㊟ 私がお前を思うように、一緒に愛《いと》しいと思っておくれ、山桜よ。この山奥ではお前のほかに知り合いもおらず、ただ独りなのだから。

## 春町&喜三二の強力コンビで耕書堂は絶好調!

江戸留守居役の春町は、御多分《ごたぶん》に漏れず吉原通いをしているうちに、同じく吉原に日参している喜三二と知り合って兄弟の盃を交わす仲になった。ということは、蔦重とも知り合った（笑）。**これぞ吉原がつなぐ（くされ）縁!!**

蔦重が吉原大門《おおもん》前に書店を構えた三年後の一七七五（安永《あんえい》四）年、春町はメガトン級の作品を世に問うた。それが前に紹介した、自画自作の『金々先生栄花夢《きんきんせんせいえいがのゆめ》』だ。

ちなみに「金々先生」とは当時の流行り言葉で、身なりのいい当世風の伊達男を指すと同時に、自己満足の成金《なりきん》趣味を揶揄《やゆ》する意味も含まれていた。ところが本当のところは、喜三二のニックネーム（あだ名）だった（笑）。

このヒットを受けて、ビートルズのジョンとポールさながら、春町と喜三二の二人は黄表紙全盛時代を築いていく。

天明年間に入ると、鱗形屋が経営破綻しちまった。「吉原細見《よしわらさいけん》」を独占販売し、黄表紙を生み出したあの鱗形屋が、だ。世の中、何が起こるか本当にわからねぇ。

喜三二は仲良しだった蔦重のところに版元を代えた。お神酒徳利の春町も蔦重の耕書堂から黄表紙を出すようになる。ただし、そのために蔦重が吉原でさんざん二人を「おもてなし」したのはトーゼンのこと。この強力コンテンツコンビを手に入れたおかげで、耕書堂の経営は順風満帆《じゅんぷうまんぱん》となった。

ただ、二人の作風は少し違っていた。**年下の春町のほうが大胆で独創的、一方の喜三二は年上の余裕か、滑稽味《こっけいみ》溢れるゆったりとした印象だった。**

弟分の恋町が「生きることは無駄ってもんよ」という意味の黄表紙『無益委記《むだいき》』を書けば、兄貴分の喜三二は「長生きしてみてぇもんだ」と『長生見《ながいきみ》度記《たいき》』を書く。

まさに阿吽《あうん》の呼吸ってやつだった。

**喜三二の書いた約三十の黄表紙の約半分に、春町は挿絵を描いている。**

一方、春町がバツイチになったのを知るや、喜三二が新しい女性を紹介して再婚させる、なんていうエピソードが伝わっているくらい公私ともに助け合った、本当に仲良しの二人だった。

この二人のコンビは鱗形屋でも、そして蔦重の耕書堂に移ってからも、ベストセラーを出し続けた。もちろんその間、喜三二は春町に吉原の遊び方や、通人のなんたるかをコーチし続けた。といっても、お金は大半が蔦重持ちだったが（笑）。

実はこの当時、狂歌や戯作は遊びとみなされていて、本を出すのは基本的に「自弁」、つまり自費出版が多かった。当然、印税なんてものはあるはずもなく、二人が蔦重におもてなししてもらえるだけでも、儲けものってぇもんだったのサ。

# 日本中にその名が轟く男・四方赤良（大田南畝）との出会い

喜三二と春町という強力コンテンツコンビを手に入れた蔦重。次の標的は前にも紹介した、**当時の文人墨客最大のネットワーカー四方赤良**だった。

この本では、狂名である「四方赤良」の名で紹介しているが、一般的には**大田南畝**や寝惚先生《ねぼけせんせい》、あるいは晩年の**大田蜀山人**《しょくさんじん》の号のほうが有名かもしれない。ちなみに蜀山人と聞いて、明治生まれの美食家で陶芸家の北大路魯山人《きたおおじろさんじん》と勘違いする人がいるかもしれないが、もちろんまったくの別人だから間違わないでくんねぇ（笑）。

赤良は下級武士であると同時に、狂歌師や戯作者、また学者としても活躍したマルチな才能を持つ江戸を代表する文化人でもあった。昼は真面目な幕臣《ばくしん》、夜は多くの狂歌仲間と戯《たわむ》れる粋な文化人と、二つの顔を見事に使い分けた人物だ。

赤良の名狂歌はたくさんあるが、まずはこれから紹介しよう。

**いかほどの 洗濯なれば かぐ山で 衣ほすてふ 持統《じとう》天皇**

㊙ いったいどれほどの洗濯物の量なのだろうか、わざわざ香具山《かぐやま》まで行って衣類を干すという歌を詠んだ持統天皇に聞いてみたいものだ。

実はこの狂歌、赤良が詠んだとは確定されていないが、赤良の死後に刊行された『狂歌百人一首《きょうかひゃくにんいっしゅ》』（一八四三〈天保《てんぽう》十四〉年刊）に収録されているもの。持統天皇の有名な、

**春過ぎて 夏来にけらし 白妙《しろたえ》の 衣干すてふ 天《あま》の香具山**

のパロディーだ。『百人一首』にも採られている名歌、天皇家にゆかりのある天の香具山、そして詠んだのは天下の持統天皇……それらを知っていてこんな狂歌を詠むんだから、赤良大先生、畏《おそ》れを知らないにもほどがあるってぇもんだ。

## 幕府の能吏でありながら江戸文化の中心にいた男

赤良は早熟の天才だった。

赤良の名を一躍有名にしたのは、一七六七（明和四《めいわ》）年に刊行した**狂詩集《きょうしよう》『寝惚《ねぼけ》先生文集《せんせいぶんしゅう》』**で、そのとき赤良はまだ十九歳。しかし、同じく天才の平賀源内《ひらがげんない》が赤良の才能を認め、源内の序を付して須原屋から刊行されたこの本は、江戸に狂詩ブームをもたらした。

狂詩というのは漢詩のパロディーだ。狂歌が高雅な和歌のパロディーであったように、高尚な漢詩を俗に落とし込んで笑いを生む手法が、江戸っ子のツボにはまった。

多才な赤良は、二十一歳のときに唐衣橘洲に誘われて日本初の狂歌会を開くや、あっという間に天明の狂歌ブームの立役者となった。しかし、のちに橘洲とは歌風が合わず、袂《たもと》を分かつことになる（129～130ページ参照）。

まあ、ロックグループが「音楽性の違い」で喧嘩して解散するようなもんで、**保守的な橘洲と進歩的な赤良とでは馬が合うはずはなかった。**

赤良を中心とした「四方連《よもれん》」（別名「山手連」）において身分を超えた交流が生まれ、そこに浮世絵師まで加わり、文芸と絵画という異なる二つのジャンルがクロスオーバーして新しい文化が花開いた。

幕府の能吏《のうり》（勘定奉行《かんじょうぶぎょう》配下の役人）でありながら、江戸文化の中心人物となった赤良の人気ぶりを、三千人余りもの門人を有した俳人の大島蓼太《おおしまりょうた》が（嫉妬のあまり）俳句ではなく、「狂歌」に託してこう詠んでいる。

高き名の　ひびきは四方に　わき出《いで》て　赤ら赤らと　小どもまで知る

## 「赤良の人脈」をありがたく活用した蔦重

**赤良と蔦重の付き合いが本格的に始まったのは、一七八一（天明元）年頃のこと。**

すでに文化人として名の高かった赤良のことを蔦重は知っていたが、その赤良が蔦重の出した本を高く評価し、それを知った蔦重が礼を言いに赤良を訪ねたことが始まりだった。赤良が「よくぞ来なさった」と言うと、蔦重が「会いに北野の天満宮《てんまんぐう》」と挨捗したかどうかは知らねぇ（笑）が、ともかく会って二人はすぐに意気投合した。

赤良は蔦重の一つ年上の先輩であり、遊び友達であり、経営する版元の首脳ともいえる重要な人物となった。

ちなみに、一七七九（安永八）年、高田馬場《たかだのばば》にあった茶屋「信濃屋《しなのや》」で赤良が催した五夜連続の観月会《かんげつかい》には、なんと七十人余りもの文人墨客が訪れたという。**蔦重はそんな赤良の周りにいた当代一流の文人墨客たちと交流しながら、ネットワークを広げていった。**

一方の赤良としても、蔦重と組んで狂詩・狂歌集を出すだけでなく、洒落本、黄表紙、滑稽本、また黄表紙の評論家として、江戸文芸の全般にわたって活躍する場を提供された。まさにお互いウィンウィンの関係だった。

## 面白おかしい『虚言八百万八伝』を出版

一七八〇（安永九）年、この年に黄表紙の出版業を本格化した蔦重を版元として、赤良は『**虚言八百《うそはつぴやく》 万八伝《まんぱちでん》**』を出版した。だいたいこんな感じのお話だ。

千に三つしか本当のことを言わないウソつきを「千三つ《せんみつ》」と呼ぶが、それを軽く超える万のうち八つしか本当のことを言わぬ「万八《まんぱち》」の話だ。

万八が奥州《おうしゅう》（東北地方）の寒さを語るには、「寒さのせいで言葉が凍るのだ。隣に住むばば様に、「ばば様、茶がへえったぞ」と声を掛けてもその声は凍りついて壁にへばり付いてしまい、ばば様には届かない。春になって暖かくなると、その声が壁から溶け出し、いっせいに「ばば様、茶がへえったぞ、茶がへえったぞ、茶が……」

とまあ、こんな感じでホラ吹き男、じゃねぇや嘘八百万八の面白おかしい話が書かれていた。作者は「四方屋本太郎《よもやほんたろう》」。ふざけたこの名は、もちろん赤良の別名だ。赤良は怪異小説『雨月物語《うげつものがたり》』で有名な上方の上田秋成《うえだあきなり》とも交友関係にあり、また大名からの招待もあった。まさに当代一流の文化人として、日本国中にその名を知らぬ人はなかった。そして、その赤良大先生に見出されたのが、オイラこと山東京伝だったってぇわけよ。

# 洒落本界のトップランナー、山東京伝との奇縁

山東京伝と申します…
ってなガラじゃねぇ江戸っ子でい
筆を持たせたら「文」と「絵」の二刀流！
洒落本の京伝…いや、絵師北尾政演と呼んでくんねぇ!!
トレードマークは獅子鼻だぜ
京伝鼻
煙管《きせる》と紙煙草《たばこ》入れの店「京屋」をオープン
「京伝好み」と呼ばれたオイラのデザインした煙草入れはバカ売れサ

さて、このあたりでナビ担当のオイラこと、山東京伝について語っておこう。

オイラの生まれた深川木場《ふかがわきば》（現・江東区《こうとう》木場）には材木問屋の貯木場がずら～っと並んでいて、そりゃあ活況を呈していた。かの有名な豪商、**紀伊国屋文左衛門**《きのくにやぶんざえもん》もこの町に住んでいた。

当時、「昼は極楽の如く、夜は竜宮城の如し」といわれた吉原で、文左衛門は毎晩のように豪遊したうえに、千両払って吉原の大門を閉めて（「大門を打つ」と呼ばれた）遊女を独占して遊んだってぇんだから、どんだけーって感じだが、一七六一（宝《ほう》暦《れき》十一）年生まれのオレにとっちゃ伝説上の人物だ。

深川といえば、**「岡場所」**《おかばしょ》と呼ばれる遊郭があることで有名だった。江戸では建前的には吉原以外での売春は非公認だったが、本音のところ、深川、品川、赤坂、内藤《ないとう》新宿など、最盛期には百数十カ所もの半分公認の私娼地「岡場所」があった。吉原遊郭を「北里《ほくり》」と呼ぶのに対して、南にあった品川の岡場所を「南品《なんぴん》」と呼んだりしていたくらいの賑《にぎ》わいをみせていた。

「岡」というのは「傍《かたわ》ら」とか「はた」という意味で（「岡目八目《おかめはちもく》」の岡）、岡場所は「はた」だからこそ吉原のような高い格式や面倒なしきたりがなく、初会から床入りできたうえに安く遊べたので、懐の寂しい男たちが客となって、これまた栄えた。

吉原では「体を売る娼妓《しょうぎ》が上位、芸を売る芸妓《げいぎ》が次位」だったのに対し、深川では芸妓のほうが上位だった。深川はお城の辰巳《たつみ》（東南）にあったから、深川芸者のことを「辰巳芸者」とも呼んだ。**辰巳芸者は、「芸は売っても体は売らぬ、羽織《はおり》（男性礼装）すらはおってみせる」**ってぇくらいのプライドの高さで「羽織芸者」ともいわれ、「粋」と「張り」が売り物の江戸前ちゃきちゃき芸者が揃っていた。

そんな深川に生まれ育ったオイラも江戸っ子で、若い頃は長唄《ながうた》と三味線を学び、絵画に至っては本格的に北尾派創始者の北尾重政に学んで「北尾政演」と号し、プロとして挿絵や錦絵《にしきえ》を描いたもんサ。オイラのデビューは、一七七八（安永七）年、十八歳のとき。黄表紙の挿絵だった。もちろん大流行していた狂歌も詠んだ。

**十代後半の頃、蔦重と出会っちまって、狂歌仲間の喜三二、赤良、飯盛などの豪華な先輩方々のメンバーと一緒に吉原で遊んだのが運の尽き（笑）。**

そこから先は吉原に日参するようになっちまった、というのは前にも書いた通りだ。

蔦重はオイラの十一歳年上だったものの妙に気が合った。

男女の仲じゃないが、これも合縁《あいえん》奇縁《きえん》、不思議な縁というやつで、「つたじゅうアニキ」「よお、きょうでん」と呼び合う仲になり、兄弟の盃を交わして一緒に狂歌を詠み捨てていた。

## 教えて、京伝!!

# 京伝の代表作『江戸生艶気樺焼』とは?

天明期に入るとオイラは黄表紙も手掛けるようになり、恋川春町ばりに二刀流で活躍した。オイラの黄表紙代表作は一七八五(天明五)年の『江戸生艶気樺焼《えどうまれうわきのかばやき》』。版元はもちろん蔦重のところだ。

題名は「江戸前鰻《うなぎ》の蒲焼《かばやき》※」のもじり。「江戸前」といえば「寿司《すし》」を連想する人も多いと思うけど、「鰻の蒲焼」も関西とは焼き方が違うのサ。まあ、それはおいておくとして、ちょっと長いが、あらすじはこんな感じだ。

百万長者仇気屋《あだきや》のボンボンで一人息子の艶二郎《えんじろう》は生来好色で、醜男《ぶおとこ》のくせに自惚《うぬぼ》れが強かった。

「日本一の色男として浮名《うきな》を流せたら死んでもかまわねぇ」

と、アホなことを考えた艶二郎は、五十両を芸者に渡して「艶二郎にほれた」と家に駆け込ませ、さらに十両はずんで近所に聞こえるように大声で叫ばせた……。

ところがちっとも浮名は流れない。焦った艶二郎は、またまたお金を積んでその芸者とのことを瓦版《かわらばん》※にしたものの、「こんな瓦版、嘘八百に違いないわ」とバカにされる始末。その後も、やきもちを焼く女を二百両で雇ったり、わざと三角関係を装ったりしてみたが、浮名はいっこうに流れない。

「艶二郎が金持ちだから、みんな頼みを聞くんだ」という噂を聞いた艶二郎は、親から勘当《かんどう》されて貧乏になりたいと願い、七十五日限りの勘当が認められたものの、その間も母親がお金を送ってくれるもんだから、ちっともお金に困らない。

「こうなりゃ狂言心中（嘘の情死）するしかねぇ」と、吉原の遊女「浮名」を千五百両（!!）で身請けしてお揃いの小袖《こそで》に辞世の句を染め抜き、その句を摺り物にして吉原中に配らせた。

ところが、いよいよ狂言心中というそのときに強盗に遭い、二人は丸はだかの道行《みちゆき》となる。皮肉なことに、このへっぽこ心中事件の噂は世間へと広がった。

実はこのときの強盗は、父親と番頭が変装したもの。全部が狂言だった。

父親に説教された艶二郎は、やっと世の中のことがわかって反省し、改心して真人間になった。一緒に狂言心中した遊女「浮名」も、艶二郎が醜男なのを（お金持ちだから）我慢して夫婦となり、その後はお店も繁盛《はんじょう》した。

艶二郎の妻となった「浮名」が狂言心中事件のことを聞かれて言い放った台詞《せりふ》、「わたしはすっかり風邪を引きました」が、オチとして効いている。

この作品は、**オイラ（京伝）の描いた主人公の不細工な団子《だんご》っ鼻（獅子鼻）がウケ、京伝の自画像にも使われて「京伝鼻」**（図版参照）**と呼ばれた。**また「艶二郎」という名は自惚《うぬぼ》れ屋の色男の通称となった。

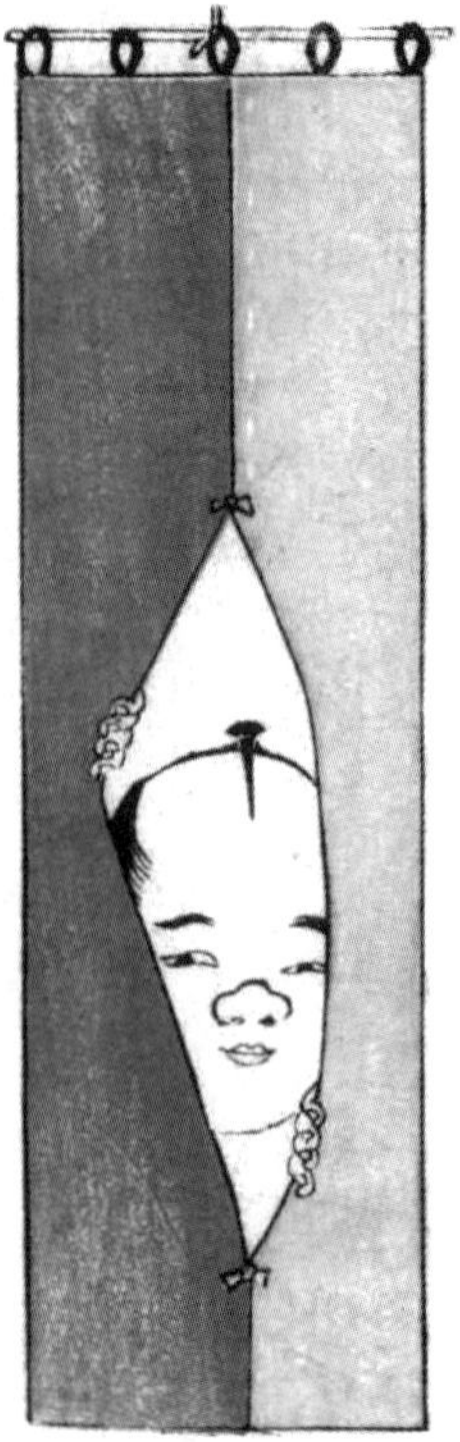

『江戸生艶気樺焼』がヒットして、艶二郎の団子っ鼻（京伝鼻）も評判に。

※「江戸前鰻の蒲焼」……江戸前（関東風）は、背開きした鰻に串《くし》を打ち、白焼きにしたうえで蒸して脂を落としてから焼き上げる。一方、上方風（関西風）は、頭を落とさずに腹開きにした鰻に串を打ち、蒸さずにそのまま焼き上げる。

※「瓦版」……天変地異や大火などの災害、仇討《あだう》ちや心中などの庶民の関心事をいち早く記事にして売った情報紙。半紙一枚に木版印刷された、今でいう新聞に近いもの。街頭で読み上げながら四文（百円）程度で売り歩いたことから「読売」ともいい、『読売新聞』の名の由来になった。ちなみに、一八七四（明治七）年の読売新聞創刊号の部数は約二百部だった。

## 洒落本――吉原が舞台のリアリティー溢れる滑稽文学

この本のヒットを受けて、オイラは翌々年に人物設定をそのまま踏襲した洒落本の『通言総籬《つうげんそうまがき》』を出した。「総籬」というのは大籬ともいい、吉原最高の格式の妓楼「大見世」のことだ。

**「洒落本」というのは、簡単に言うと吉原遊郭を舞台にして当世風俗を描く文学。**難しく言うと、「通」とは何かを哲学的に考察しながら、人間の真実の生活と男女の駆け引きの一喜一憂を描いたリアリティー溢れる滑稽文学ってぇとこだ（笑）。

吉原は前にも言ったように、日常と地続きにして非日常、男の夢、別天地、桃色のテーマパークだ。女房をだましてでも行きてぇ場所だが、

## 女房だまして だまされに行く

と、オチがつく場所でもあった。ブンガクにならねぇわけがねぇ。

ただ滑稽文学は残念ながらオイラが発明したものではなくて、一七七〇（明和七）年、田舎老人多田爺《いなかろうじんただのじじい》（ふざけた名だ）が遊郭を舞台にして書いた『遊子方言《ゆうしほうげん》』が嚆矢だとされている。吉原の繁栄とともに、後続作品が多く書かれ、洒落本という戯作の一ジャンルが確立した。

四方赤良や朱楽菅江も洒落本を書くには書いたが、なんといってもオレ様こと**山東京伝の登場で、洒落本というジャンルは完成の域に達した**、といわれた。もちろん、版元でプロデューサーの蔦重も「吉原のことならオレに任しときなっ!!」とばかりにノリノリでアイデアを出してくれた。二人ともさすが場数を踏んでいるだけのこたぁ

あるもんよ。

## まるでラップバトル⁉　「茄子のしん焼き」で狂歌合戦

あるとき、狂歌仲間の寄合で酒のツマミに「茄子のしん焼き」が出たことがあった。これは薄く切った茄子を油で揚げたものに味噌を塗り、それに串を刺して食べるものだが、形が鳥の鴫《しぎ》に似ていることから「茄子の鴫焼き」と呼ばれ、さらに江戸風の言い方で「茄子のしん焼き」となったものだ。

赤良大先生がその「茄子のしん焼き」を見て、「閃《ひらめ》いた‼」と言って、

小娘も　はやこの頃は　色気付き　油つけたり　くしをさしたり

※「くし」は「串」と「櫛《くし》」の掛詞《かけことば》。

と座布団一枚レベルの句を詠んだもんだから、負けん気の強いオイラは、

油つけ くしをさしたは よけれども 色が黒くて 味噌をつけたり

こう詠み返した。これには赤良大先生も「まいったねこりゃ」と言ってくださり（敬語）、狂歌仲間たちからも**「座布団二枚!!」**と言ってもらえて、まだ二十二歳の若《じゃく》輩者《はいもの》だったオイラは鼻高々になったもんサ。

ちなみにオイラはこう見えて、人からお金を借りるとか奢《おご》ってもらうとかが大嫌いな性分だから、仲間と飲み食いをするときには必ず「割り勘」にして自腹を切ることを決めていた。自慢するようだけど、**「割り勘」を考え出したのはこのオイラなんだ。**

それまでは幹事（代表者）一人が全額払うのが普通だったんだが、それだと幹事一人の負担がデカすぎて申し訳ないし、なにかと喧嘩のタネになる。そこで頭数で均等に割って払う「割り勘」を考え出したわけだ。

ところが、そのやり方は人から「**京伝勘定**《きょうでんかんじょう》」と呼ばれてケチ臭いといわれたが、冗談じゃあねぇ。こちとら金を惜しんでのケチじゃなくて、仲間と銭金《ぜにかね》でもつれるのが嫌だっただけ、ってことを知っておいてほしいもんよ。

## 狂歌絵本が次々ヒット！撰者として重用された盟友・宿屋飯盛

諸先輩方々に囲まれていたオイラは、一七八六（天明六）年に宿屋飯盛撰の『**吾妻曲狂歌文庫**《あずまぶりきょうかぶんこ》』（次ページの図版参照）に、北尾政演の名で絵を描いた。

この時代を代表する狂歌師五十人の狂歌に肖像画を添えた彩色刷の絵本で、新進気鋭の絵師だったオイラは張り切って絵筆をふるい、狂歌師たちを王朝歌人風に描いた。この本はもちろん大ヒットして、版元だった蔦重は大喜びサ。

ところで、この本で撰歌した**宿屋飯盛**は、日本橋小伝馬町《こでんまちょう》で宿屋（旅籠《はたご》）を営んでいて、本名を糟屋七兵衛《ぬかやしちべえ》といった。四方赤良に狂歌を学び、狂名として宿屋飯盛と名乗った。まあ宿屋の主人だから付けた狂名だろうが、あとひとひねりほしかったね。

天明期の狂歌流行の発端となった『吾妻曲狂歌文庫』。
北尾政演（京伝）が絵を担当し、宿屋飯盛が撰歌した。

飯盛は「伯楽連《はくらくれん》」を結成した男だが、そのポリシーは、

> 歌よみは下手なほうがいい。
> 『古今和歌集』の序に「力をもいれずして天地を動かし、目に見えぬ鬼神をもあはれと思はせ」とあるが、大げさすぎだ。
> 天地が名歌に感じて動き出したりしたら、この世は一巻の終わりってぇもんだ。

こう、うそぶく始末。反骨精神丸出しの江戸っ子だ。

飯盛は天明の狂歌ブームに乗って活動しているうちに蔦重と知り合い、年齢が近かったこともあって仲良くなった。ふざけた

狂名に反して実は結構な知識人だった飯盛は、狂歌の「撰者」として重用され、蔦重と組んで次々に狂歌絵本を出してヒットさせた。**飯盛は蔦重の盟友の一人**だった。

## 譜代大名のエリート坊ちゃん、酒井抱一に目を付ける!

この頃、オイラと同い年の活きのいい若者が狂歌連に参加してきた。その狂名は「尻焼猿人」……完全に人をナメてるとしか思えねぇ狂名だが、本名を**酒井忠因**《ただなお》**、号は抱一**といい、実は播磨《はりま》の名門姫路《ひめじ》藩主酒井家の次男というエリートボンボンだった。

酒井家は芸術に理解があり、抱一の生まれ育った江戸の藩邸《はんてい》には、文人墨客が多く出入りしていた。そんな文化的サロンのなかで育った抱一が天明の大狂歌ブームに乗らないはずはない。

蔦重より十一歳年下、赤良より十二歳年下というハンデもなんのその。弱冠二十歳の抱一は若くして狂歌連に参加し、絵画と文学の才能を発揮すると同時にオイラ同様、熱心に吉原通いを始めた(笑)。

**惚れもせず 惚れられもせず 吉原に 酔うて廓《くるわ》の 花の下影《したかげ》**

みなが浮かれているはずの吉原で、自分は「惚れもせず、惚れられもせず」と詠むあたり、抱一は冷静さを保ってるねぇ。

酔っぱらってふと遊郭に植えられている花に目をやると花影が見えた、というのも、俗な笑いを取る狂歌が多いなか、京の貴族を思わせる詠みっぷり。**さすが酒井家のお坊ちゃまだ。その醒《さ》めた感じがカッコいい。イックール!!**

すでに版元として出版を手掛けていた蔦重が、この譜代《ふだい》大名の才気《さいき》煥発《かんぱつ》なエリート坊ちゃんを放っておくはずがねぇ。売れるコンテンツには目がない蔦重は、自ら手掛ける狂歌絵本に抱一の狂歌を多数載せた。

また、天明狂歌の重鎮となっていた赤良大先生も、抱一の才を讃えた漢詩を詠んでいる。兄貴分の宿屋飯盛や喜多川歌麿にも可愛がられ、同い年のオイラとも親しくした抱一は存分にその才能を発揮した。

藩主の座は長男である兄が継ぐことになり、次男坊の気楽な身分の抱一は、俳句をひねり、好きな絵を描き、そして楽しく吉原通いを続けて狂歌を詠んだ。

抱一は自分のことを**「尻焼猿人」と号したが、それは「せっかちで飽きっぽい人」という意味で、かなり自虐的だった**ようだ。事実、号した数は十を超え、多才というよりも器用貧乏に近かった。

実を言うと抱一の狂歌はそれほど上手いとはいえなかったが、大名の子息で美男子となれば狂歌連のなかでも一目も二目も置かれ（もちろん吉原の遊女たちからはモテモテ）、宣伝にもなるということで、狂歌本の巻頭を飾ることもしばしばだった。

ただ、抱一はこの現状に満足していたわけじゃなかった。このあと、**実は大化けすることになる**んだが、それにはもう少し時間がかかる。詳しくは246ページで話すことにしよう。

# 冴えわたるプロデュース力！蔦重が「江戸のメディア王」たる所以

出せば売れる狂歌絵本！
オレの時代がやって来たぜぃ
狂歌三大家の序文に大御所絵師、北尾重政の挿絵
三冊同時刊行！
どうでい、驚きの豪華執筆陣!!
子飼いの歌麿も無事デビューしたし
いつまでも居候の身じゃ肩身が狭いしなあ
一緒に暴れまわろうぜ歌麿！
このあと大きな不幸が訪れるとは、知るよしもなかった
わっはっはっ

蔦重はその交友関係の広さを生かして、出版する本の序文を次々に大物に頼んでは成功させている。蔦重の代表的な仕事の一つである狂歌絵本において、**一七八六（天明六）年に刊行された三冊の狂歌絵本は、見事な戦略を立てて大成功した。**

その三冊とは、北尾派の始祖北尾重政による『絵本八十宇治川《やそうじがわ》』と『絵本吾妻抉《あずまからげ》』、売り出し中の絵師喜多川歌麿による『絵本江戸爵《えどすずめ》』だ。正月に同時刊行された三冊の本は、表紙の体裁が統一されていてシリーズ物であることを印象づけていた。

さらに、序文の筆者に狂歌三大家の唐衣橘洲、四方赤良、朱楽菅江を配するという熱の入れようだから、こりゃ売れないわけがねぇ。

版元になって十年を超え、蔦重のプロデュース能力はすでに円熟の境地に達していた。本全体のコンセプトを立てたあと、誰に絵を描かせるか、そしてその絵に相応《ふさわ》しい狂歌を誰に依頼するかなど、すべてをコントロールしたのは蔦重だった。

蔦重の周りには多士済々な人物が揃っていた。彼らをどう使いこなすかが蔦重に課せられた仕事といえた。

## 「同じような本を出してちゃあ、じり貧だ」

ただ、狂歌ブームが頂点を迎え、狂歌人口が増えるにつれて、みな目が肥えてきていた。朱楽菅江が詠んだこんな狂歌がある。

**糞船《くそぶね》の 鼻もちならぬ 狂歌師も 葛西《かさい》のみやげの 名ばかりぞよき**

㊟ 糞尿運搬船の臭い匂いのように鼻持ちならない狂歌師が大勢現れたが、葛西のお土産ではないが、名称だけは立派なもんだ。

下水道のない江戸時代、「糞船」（汚穢船《おわいぶね》＝バキュームカーの船版）が大活躍したが、ともかく臭いのサ。同様に、狂歌が大流行し、名ばかりの鼻持ちならない狂歌師が増えたことよ、と菅江は嘆いているわけだ。

「名ばかり」と詠まれている「葛西（現・葛飾区・墨田区・江東区・江戸川区・足立

区などの地域）の土産」というのは何を指すのか気になるところだが、それはともかく「同じような本を出してちゃあ、じり貧だ」と考えた蔦重は、金と人材とを惜しまずつぎ込んで、より豪華な狂歌絵本を企画し、そしてバンバン宣伝もした。このあたりが、のちに**「江戸のメディア王」と呼ばれるようになる蔦重の真骨頂**だ。

江戸っ子たちは、その発売を楽しみに待つようになっていった。蔦重がプロデュースし、耕書堂が発行する本は飛ぶように売れた。**三十代半ば〜後半を迎えた蔦重は、黄金時代を謳歌していた。**

しかし、風雲急を告げる動きがすぐそばまで迫っていた。

# 5章

# 出版業界に大事件発生！

——「寛政の改革」でお咎めを受ける

# ついに「バブリー田沼時代」が終焉！

そんなこんなで蔦重とその仲間たちが享楽の人生を過ごせたのも、バブリーな田沼時代（一七六七〜八六）だからこそだったのだが、実は**田沼時代は数々の天変地異に見舞われた時代**でもあった。

意次《おきつぐ》が老中に就任した**明和《めいわ》九年**（一七七二年）は**「メイワクナトシ」**と、もじられるほどのひどい年だった。江戸の大火に始まり、東北地方の旱魃《かんばつ》や全国的な台風被害も出た。そしてそれから十一年後、最大級の天災が起きちまった。

**一七八三（天明《てんめい》三）年、浅間山《あさまやま》が大噴火。**

これは世界的規模の火山の大噴火で、関東一円が火山灰に覆われてしまい、火山噴出物が陽光を遮《さえぎ》ったためひどい冷害をもたらした。農作物に壊滅的な被害が生じた結果、「天明の大飢饉」と呼ばれた江戸時代最大の飢饉状態に陥っちまった。

特に東北地方の被害は甚大で、死んだ人の肉を食うほどの惨状《さんじょう》を呈し、全国で数万人が餓死《がし》したと伝えられている。また、飢饉に加えて疫病《えきびょう》が流行し、数十万人単位の命が失われたと推定されている。腹が空いて北山時雨《きたやましぐれ》、なんて冗談を飛ばしている余裕などなかった。

こうした大飢饉に対して、意次は有効な手を打たなかった。それどころか、飢える東北地方に米を送らず、米価暴騰《ぼうとう》対策のために江戸に米を掻き集める政策を行って東北の被害を拡大させた。

意次の賄賂政治を皮肉った狂歌がある。

**この上は なほたぬまるる 度毎《たびごと》に めった取り込む とのも家来《けらい》も**

㊦ 頼みごとを受けるたびに、殿様も家来も、やたら賄賂を取り込むものだ。

※「たぬま（るる）」に「田沼」と「頼ま（るる）」、「とのも」に「殿も」と田沼の官職だった「主殿頭《とのものかみ》」が掛けられている。

東北の惨状など、どこ吹く風。意次の邸《やしき》には大名や直参旗本《じきさんはたもと》、そして商人たちが陳情《ちんじょう》のために朝から列をなしていた。もちろん賄賂持参。なにやら昭和の総理大臣、田中角栄邸の「目白詣《めじろもう》で」を思わせる光景だ。

江戸市中もバブリーな風が吹き、天明の狂歌ブームのなか、四方赤良《よものあから》の『万載狂歌集《まんざいきょうかしゅう》』VS.唐衣 橘洲《からごろもきつしゅう》の『狂歌若葉集《きょうかわかばしゅう》』なんて戦いにうつつを抜かしていた時期でもあった。飢饉で苦しんでいた人々には合わせる顔がねぇ。

## 「覚えがあろう〜!」 田沼意次の息子・意知の暗殺

こうなると「それもこれも、なにもかも田沼が悪い!! 賄賂政治なんてやってるから大飢饉の天罰が下っちまったんだ」と、恨みを買うのは当然のこと。

父意次の引きによって、若くして若年寄《わかどしより》へと異例の出世を果たしていた**息子の意知《おきとも》が暗殺されるという事件**が起きた。

意知を殺したのは、**佐野政言《さのまさこと》**という江戸城警備担当の旗本だ。

一七八四(天明四)年三月二十四日、江戸城中で殿中刃傷《でんちゅうにんじょう》に及んだ。まあ、いろいろと恨みが溜まっていたようで、政言は意知に向かって、

「覚えがあろう、覚えがあろう、覚えがあろう〜!!」

と三度叫んで斬りつけ、そのときの傷がもとで意知は八日後に亡くなった。享年三十六。意知の死を知った江戸っ子たちは「ざまあみやがれ」と言わんばかりに、その死をせせら笑う落首《らくしゅ》や狂歌をたくさん詠んだ。

金とりて　たぬまるる身の　にくさゆへ　命捨てても　さのみ惜しまん

㊞ 頼みごとをする人から賄賂の金を取る者（意次）が憎いのだから、命を捨ててもそれほど惜しいことはない。

※「たぬま（るる）」に「田沼」と「頼ま（るる）」、「さの（み）」に「それほど」と「佐野（政言）」が掛けられている。

賄賂政治をやっている意次が憎いから、その息子の意知を暗殺するためなら政言は命など惜しまないだろう、ということだが、一説によると、**名門佐野家の家系図を借りた意知が、それを返さなかったのが直接的な原因**といわれている。

先祖の身分が低かったのを恥じた意知が、名門佐野家に倣《なら》って田沼家の家系図を書き換えたのはいいが、パクッたのがバレるのを恐れて返せなくなったというわけだ。

まあ、そうした家系図の書き換えは（お金を払って）よく行われていたもんだが、借りたものを返さなかったのはよくないねぇ。

ただ、殺人は殺人、しかも殿中でやったわけだから、政言には切腹が命じられ、自害して果てた。享年二十八。佐野家も改易《かいえき》の憂き目にあった。

意次の賄賂政治を嫌っていた人々からは、**「佐野世直し大明神!!」**と呼ばれて崇《あが》められた政言だったが、出島《でじま》のオランダ商館長イサーク・ティチングは違った反応を見せた。

「井の中の蛙《かわず》」揃いの幕府首脳のなか、田沼意知ただ一人だけが日本の将来を考えていた。彼の死により、近い将来開かれるはずだった開国への道は、今や完全に閉ざされたのである。

と書き残している。これが本当だったら残念というよりほかはねぇな。

## 意次、失脚! 所領は没収、蟄居を命じられ…

一七八六(天明六)年に意次の後ろ盾だった将軍家治《いえはる》が没すると、反田沼派たちによって**あっという間に意次は老中を罷免され、代わりに松平定信《まつだいらさだのぶ》が老中首座《しゅざ》となった。**陸奥国白河藩《むつのくにしらかわ》(現・福島県白河市)藩主だった定信は、天明の大飢饉において餓死者を出さず、さらに藩政の建て直しまで成功したってぇんだから、てぇしたもんだ。

その手腕を認められて老中首座となった定信は、重商主義政策を行っていた意次を「盗賊《とうぞく》同然」と罵《ののし》り、意次の城を破却し所領（相良《さがら》藩〈現・静岡県牧原市〉）を没収したうえ、蟄居《ちっきょ》を命じた。大坂の蔵屋敷と江戸屋敷の明け渡しまで命じられた意次は、一七八八（天明八）年、失意の底のうちに没した。享年七十。

**ただ、没収された意次の屋敷の内情は、財産どころか「塵《ちり》一つない」といわれたほどすっからかんだった。**賄賂政治家と罵られ、私腹を肥やしてお金を貯め込んでいると思われていた意次だったが、実はそうじゃなかった。ホントのところは世のため人のため、国を救う無双《むそう》の国士だったんじゃねぇか……麻雀《マージャン》の役「国士無双」じゃねぇよ、「有能な役人、憂国《ゆうこく》の士」ってこった。合掌《がっしょう》。

もうしばらく意次に老中をやってもらい、その政策を息子の意知に引き継いでもらっていれば日本は変わっていたかもしれない。前にも書いたように、貨幣の統一にしても、また海外との貿易や蝦夷《えぞ》地（現・北海道）の開拓（あの平賀《ひらが》源内《げんない》にやらそうとしていた!!）に関しても、先見性が高く、視野が広かった意次の失脚は、蔦重とオイラたちにとって大きな痛手だった。

## 八代将軍吉宗の孫、頭カチコチ松平定信の「恨みの矛先」

ここで少し回り道をして、松平定信のことについて話しておこう。

定信は徳川御三卿《ごさんきょう》※の一つ、田安《たやす》家の七男として生まれた。田安家は、徳川吉宗《とくがわよしむね》の系統が継いだ名門であり、**定信自身も吉宗の孫**にあたる。七男とはいうものの定信は利発で、兄弟に夭折《ようせつ》した者も多く、兄治察《はるさと》が病弱だったこともあり、次の当主になれる可能性はあった。

ところが、定信が田安家当主になることはなかった。

というのも、定信は十七歳の頃、徳川一門の白河藩主・松平定邦《さだくに》の養子となることが決まったからだ。この養子縁組の裏には、定信を養子とすることで家格を上げたいという定邦の願いと、定信の高い能力を疎《うと》み、政治の中央から遠ざけたいという田沼

## 御三卿に生まれた定信だったが……

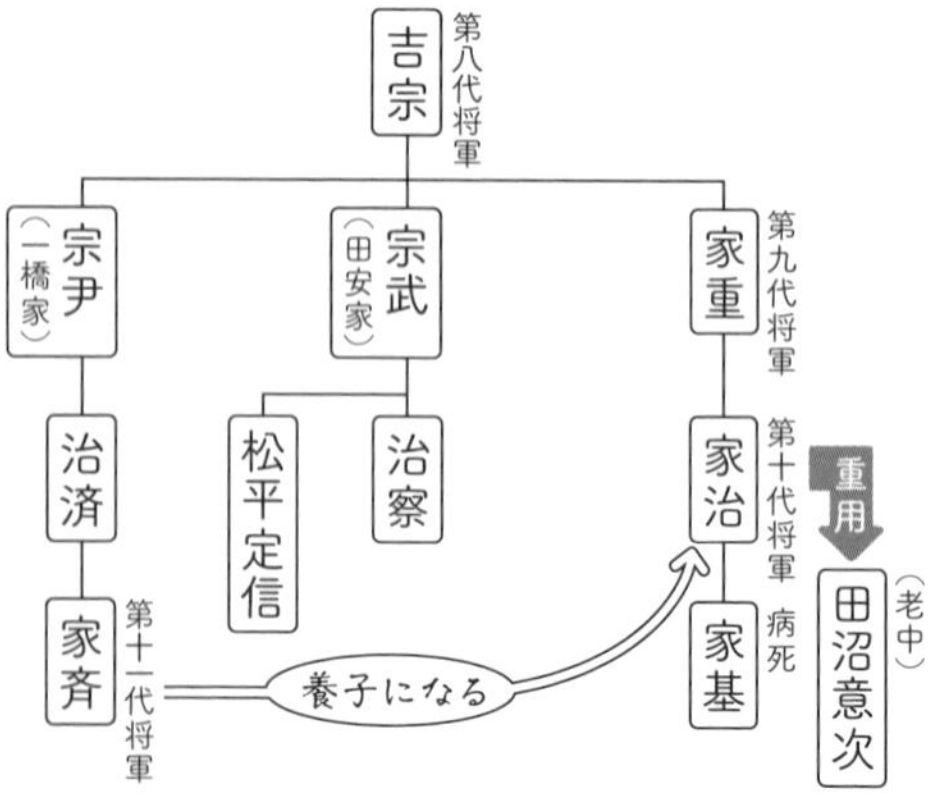


意次の意向が働いたといわれている。

といっても定信は意次より四十歳も年下だったんだから、これは根も葉もない噂。本気で意次が定信に嫉妬していたとは、とても思えねぇんだが……。

病弱だった兄の治察が家督《かとく》を継いでわずか三年で亡くなった際に、定信は養子の解消を願い出た。定信は名門田安家当主に戻りたかった。しかし許されず、そのため田安家は十数年にわたり当主不在となった。それならばと、家督を継いだ白河藩の家格を上げてほしいと意次に願い出た。このとき、不本意ながら定信は意次に「賄賂」をずいぶんと贈っている。しかし、結果は「却下!!」だった。**この時点で、定信の意次への恨みは相当溜まっていた。**

※「御三卿」……江戸時代中期に創立した徳川将軍家の一門で、田安徳川家（田安家）・一橋《ひとつばし》徳川家（一橋家）・清水《しみず》徳川家（清水家）の三家。藩を形成せず、江戸城内で暮らした。

## 「将軍の座」を逃したのも意次の意向だった？

**御三卿であり、吉宗の孫でもあった定信は、将軍の後継者としての資格すら有する名門家のエリートだった。**定信が二十歳時点での将軍は家治。家治には長男家基《いえもと》がいたものの、ほかに男子はなく、万が一のことも考えられた。もちろん御三卿に限らず、同様に将軍の跡継ぎを輩出できる御三家（水戸・尾張・紀州）にとっても条件は同じ。虎視《こし》眈々《たんたん》と次なる将軍の座を狙っていた。

果たして一七七九（安永《あんえい》八）年、まだ十八歳だった家基が急死した。

聡明で文武両道だった家基は、将来を嘱望《しょくぼう》されていただけに残念な死だ。徳川宗家の歴史のなかで「家」の通字《とおりじ》※を授けられながらも、唯一将軍になれなかった家基は、「幻の第十一代将軍」とも呼ばれた。

ただ、**元気だった家基の急死はあまりに不自然だ。**

家基は意次の政治のやり方を批判していたので、「家基が将軍になったら自分の地位がヤバイ」と、失脚を恐れた意次による毒殺ではないのかと怪しまれた。
いやいや、「次の将軍にはオレの息子を!!」と狙っていた一橋家当主の徳川治済《はるさだ》による毒殺もあり得る、などの暗殺説が江戸っ子たちの間でささやかれた。

御三卿であり吉宗の孫でもあった松平定信。
将軍の地位さえも狙える名門家のエリートだった。

このときまだ二十歳で聡明だった定信は、「我こそは!!」と思ったが、定信をライバル視していた老獪《ろうかい》な治済が先手を打ち、自分の長男家斉《いえなり》を家治の養子としてしまった。これで次期将軍は家斉に確定した。

その裏にはもちろん意次の意向が働いていた、つまり、**すべては仕組まれていたに違いない……少なくとも定信はそう考えた。**その恨みの矛《ほこ》先《さき》は意次に向かう。

おのれ~意次め~。いくら年上とはいえ、ただの成り上がり者のくせに許せん。ウ・ラ・ミ・ハ・ラ・サ・デ・オ・ク・ベ・キ・カ!!

と思ったものの、意次は天下の老中、自分はまだまだ若輩者。まずは養子先の白河藩できっちり仕事に取り組まねば、とマジメな定信は考えた。

※「通字」……祖先から代々伝えられて名前に付ける文字。たとえば源氏なら、頼朝《よりとも》・頼家《よりいえ》の「頼」。徳川家では「家」がこれにあたる。

## 白河藩主として「天明の大飢饉」を死者ゼロで乗り切る

**定信の藩政の成果は、天明の大飢饉の際に発揮された。**

この未曾有《みぞう》の大災害に白河藩も襲われたが、定信は手を尽くしてあちこちから米を入手し、それを領民に配給して危機を乗り切った。日本中で何万、いや何十万もの死者を出したこの大飢饉で、白河藩は一人の餓死者も出さなかったといわれている。

現在、白河市の特産物になっている「白河そば」も、定信が「ソバは寒さに強い」という理由で栽培を奨励したものだ。さらに、定信は十八番《おはこ》の質素倹約で藩政を見事に立て直した。


**まだ若いのに、凄腕の藩主がいる。**


定信の評判は幕府の中枢にも届いた。

一七八六（天明六）年、家治が死去し、将軍は家斉となった。それをチャンスと見た反田沼派によって意次は失脚させられ、約二十年に及んだ田沼時代は終焉《しゅうえん》を迎えた。

翌年、その手腕を買われた定信が徳川御三家の推挙《すいきょ》を受けて、老中首座に就き、まだ少年だった十一代将軍家斉を補佐することになった。

**みなの期待を一身に受けた定信。このときまだ二十代後半。**

さあ、何から手を付けるのか、期待大だ……と言いてぇところだが、その結果を知ってるオイラとしては、定信を恨むばかりだ。

# 蔦重に突然の向かい風！「寛政の改革」の厳しい出版統制

意次が失脚し、定信が老中首座に就いたからといって世の中が一気によくなるわけはなかった。それどころか「天明の大飢饉」の余波は大きかった。食えなくなって都市へ流入してきた農民たちによって、一七八七（天明七）年には、江戸や大坂で米屋の打ちこわしが起き、さらにそれは全国各地へと波及した。

定信はこの事態を受けて「寛政《かんせい》の改革」を始めた。

**田や沼や よごれた御世《みよ》を 改めて 清くぞすめる 白河の水**

改革当初はこんな川柳が詠まれるほど歓迎された定信だったが、その改革が実施されてみると、その中身はバブリーな田沼時代の反動政策、つまりケチケチ倹約政策にすぎず、お堅いことばかりだった。

**庶民の着物の柄まで制限するほどの質素倹約を旨《むね》とした「寛政の改革」**の影響は、やがてオイラたちにも降りかかってくることになる。田沼時代が終わったことにまだ気が付いていなかった蔦重の二枚看板は、順調に本を書いていた。

恋川春町《こいかわはるまち》『金々先生栄花夢《きんきんせんせいえいがのゆめ》』 VS. 朋誠堂喜三二《ほうせいどうきさんじ》『見徳一炊夢《みるがとくいっすいのゆめ》』

朋誠堂喜三二『文武二道万石通《ぶんぶにどうまんごくどおし》』 VS. 恋川春町『鸚鵡返文武二道《おうむがえしぶんぶにどう》』

先に出した作品に呼応するように、もう一方が書く。

あとから出すほうは、よりスパイスを利かせたり、よりひねったりと工夫した作品を書いた。仲良し二人は同時によきライバルだった。それを楽しみにしていた江戸っ子は多かった。

しかし、一七八八（天明八）年に、喜三二の出した『文武二道万石通』と、それに応じる形で出した春町の『鸚鵡返文武二道』は調子に乗りすぎちまった。

定信の「寛政の改革」を皮肉たっぷりに風刺してしまったのがマズかった。**見事に出版統制にひっかかっちまったのよ。**

## 耕書堂ピンチ！　「春町の死」と「喜三二の留筆」

『文武二道万石通』のあらすじをひと言で表すと、こんな感じだ。

時は鎌倉時代。源《みなもとの》頼朝《よりとも》の命を受けた畠山重忠《はたけやましげただ》が、文武どちらにも優れないのらくら武士たちを箱根に連れていき、そこで再教育して、文と武の二道に導く。

……どこがいけなかったのかって？

実はこの作品に出てくる源頼朝と畠山重忠は、時の将軍家斉と老中首座松平定信だとわかる手法で描かれていた。

**喜三二お得意の風刺精神で定信の文武奨励策をおちょくり、武士たちの腑抜《ふぬ》けた様子をギャグに仕立て上げた**この本は、「寛政の改革」にうんざりしていた庶民にバカウケして、売れに売れた。同じような趣旨の、春町の『鸚鵡返文武二道』もバカウケだ。

ところがどっこい、時代は重箱の隅を楊枝《ようじ》でほじくるようなクソ真面目、定信による「寛政の改革」の真っただ中。**喜三二は久保田《くぼた》藩主よりお叱りを受けて留筆《とめふで》を命じられ、春町は幕府から出頭を命じられちまった。**

自由な気風の田沼時代は、すでに終わっていたことを思い知らされる事件だった。

喜三二はしぶしぶ筆を折ったが、春町は病気を理由に出頭に応じず、そのまま一七八九（寛政元）年七月七日に亡くなった。病死と自害の二つの説があるが、間違いなく自害だ。享年四十六。

**「このすっとこどっこい、こんなことくれぇで死ぬんじゃあ、間尺《ましやく》に合わねぇ」**

喜三二の嘆きはもとより、蔦重も春町の死を前にして血の涙を流すしかなかった。

春町の辞世《じせい》の歌が残されている。

**我も万《ま》た　身はなきものと　おもひしが　今ハのきハハ　さ比《び》しかり梟《けり》**

武士らしく死を覚悟していた春町でも、いざ死を目の前（今際《いまわ》の際）にすると「さびしかりけり」と詠んだ。その気持ちを思うとまったく泣けてくる……。

## 「ぶんぶといひて 夜もねられず」自粛に追い込まれる蔦重ファミリー

　こうした悪い流れは当然、オイラこと京伝《きょうでん》にも及んでくる。

　一七八九（寛政元）年に出た黄表紙《きびょうし》『黒白水鏡《こくびゃくみずかがみ》』にオイラは挿絵を描いたんだが、お咎めを受けちまって、本はただちに絶版、作者の石部《いしべ》琴好《きんこう》※は手鎖《てじょう》のち江《え》戸払《どばらい》、オイラも過料《かりょう》（罰金）処分となっちまった。まったく、とんだ目に太田《おおた》道灌《どうかん》だ。

　自分で言うのもなんだが、この本の内容は確かにまずかった。**田沼意知が江戸城中で佐野政言に斬りつけられた事件を、チクリと風刺したものだった**のよ。どうやらオイラの時代も終わっちまった……もう戯作《げさく》の執筆はやめようと思っていたら、そこへ蔦重がやって来て、

「京伝、ここでやめちゃあ江戸っ子の名折れ。罰（撥《ばち》）が当たれば太鼓で受けるっていうじゃねぇか」

と、オイラの反骨精神を煽《あお》るもんだから、思いとどまったわけよ。

気が付くとオイラも三十に手が届こうって年になっていた。そこでいい機会だからと、惚れていた吉原の番頭新造《ばんとうしんぞう》の菊園《きくぞの》※を身請けして娶《めと》ることにした。

オイラは「お菊」って呼んでたんだが、親の反対を押し切ってまで結婚にこぎつけた最愛の人だ。「吉原で遊ぶことは『真心』を発見することだ」と心に決めていた、それを実践しただけのことサ。まあ、江戸っ子通人の心意気よ!!

ちなみに**若き曲亭《きょくてい》（滝沢《たきざわ》）馬琴《ばきん》がオイラのもとを訪れて、入門を乞《こ》うてきたのもこの頃だ。**

お咎めを受けて以来、気が滅入《めい》っちまって弟子を取るのはやめてたんだが、馬琴はなかなか見どころがありそうな若者だったんで、弟子にはしなかったが親しく付き合うことはOKしてやった。

その後の彼の活躍ぶりを思うに、オイラの見る目は確かだったね。

※「石部琴好」……江戸時代中期の戯作者。幕府御用達《ごようたし》商人。黄表紙『黒白水鏡』でお咎めを受けて江戸払になり、その後消息不明となった。

※「番頭新造の菊園」……「番頭新造」は花魁《おいらん》のマネージャー役。年季が明けて行くところがない元遊女が花魁に付き添い、身の回りの世話や外部との交渉をした。「菊園」こと「お菊」は残念ながら三年後に亡くなった。

**教えて、京伝!!**

## 吉原での「後朝の別れ」って何?

オイラとお菊とは惚れ合った仲だった。お菊がまだ遊女だったとき、オイラは毎日のように吉原に通ってたんだが、もちろんお菊一筋だ。

吉原の朝は早い。明け六ツ(午前六時頃)になって大門《おおもん》が開くと、遊女がお客をそこまで見送り、別れを告げる。もちろん遊女は大門の外には出られない。

夢の世界に生きる遊女は、別れ際に未練たっぷりに涙を目にためて別れを惜しむ。遊女の涙が演技だとわかっていても、お客にとっては真実。それを信じた。夢を壊すことのないよう、遊女は悲しい別れを演じ切った。

## 四角な卵と 遊女のまこと あれば晦日に 月が出る

こう歌われたくらい遊女は嘘つきだったわけだが、とはいえ、遊女が本気でお客のことを好きになることもあった。遊女が真に惚れた男のことを「間男《まぶ》」と呼んだ。

近代以前の日本には「愛」というガイネンはなく、「恋」という言葉しかなかった。そしてそれは「性交」をともなったものだった。**吉原には愛はなかったが、恋という名の真実の想いがあった。**

そして、遊女とお客の朝の別れのことを**「後朝《きぬぎぬ》の別れ」**といった。その言葉は、平安時代から連綿《れんめん》と続く男女の別れの辛さを表す言葉だった。お菊とオイラはそんな後朝の別れを何度も繰り返したもんサ。

遊女に見送られた客が、後ろ髪を引かれる思いを抱きつつ遊郭を振り返るあたりに柳《やなぎ》の木がある。その名も**「見返り柳」**。オイラはその柳を何度振り返って見たことだろう。火事によって焼失するたび、その柳は植え替えられてきた。柳に心があるなら、涙を流しすぎて、やせ細るような辛い思いをしていたにちげぇねぇ。

## 大型ルーキー、北尾政美がまさかの剃髪！

ところで、問題作『鸚鵡返文武二道』の挿絵を担当していたのは、まだ二十六歳の**北尾《きたお》政美《まさよし》**だった。オイラの同門の後輩だ。

十代前半で北尾重政《しげまさ》に入門した北尾政美は、十代後半で挿絵デビューを果たした早熟の天才だった。師の重政が蔦重と一緒に仕事をしていた関係で政美は重用され、蔦重の耕書堂《こうしょどう》から出た黄表紙の挿絵を多数担当した。

蔦重より十四歳年下だった政美は、父が畳《たたみ》職人、俗称が三二《さんじ》(治)郎《ろう》だったことから「畳の三公」と呼ばれ、蔦重からずいぶん可愛がられ、武者《むしゃ》絵《え》、浮絵《うきえ》(西洋絵画の遠近法を用いた浮世絵)、花鳥画《かちょうが》なども手掛けて**蔦重ファミリーの期待の若手として活躍していた。**

ところが、松平定信が「寛政の改革」を行ったことで、政美と蔦重との関係が大きく変わってしまう。改革によって出版統制が始まると、蔦重を取り巻く環境が厳しくなり、やがて最悪の事件が起きた。

一七八九（寛政元）年に刊行された『鸚鵡返文武二道』が定信の怒りに触れ、作者の恋川春町が出頭を要請されたのち、死去（自死）した。また、蔦重ファミリーともいえる京伝・赤良・喜三二などの執筆陣が活動の自粛や中止を余儀なくされちまって、政美は大きなショックを受けた。

政美は、自分の活躍の場だった蔦屋版の本に厳しい圧力が加わる以上、もはや同じ方向性での仕事はできないと悟らざるを得なかった。

一七九四（寛政六）年、**三十一歳になった政美は、津山藩（現・岡山県津山市）の御用絵師へと転身すると同時に剃髪《ていはつ》し、鍬形蕙斎紹真《くわがたけいさいつぐざね》と称した。**

生き方を変えた政美は、黄表紙に関わるのを控え、幕府奥絵師《おくえし》の狩野惟信《かのうこれのぶ》に師事して大和絵《やまとえ》を本格的に学ぶようになる……「寛政の改革」は、大勢の人生を変えた。

## お家断絶のピンチ!? 四方赤良も自粛

喜三二は筆を折り、春町は自死、政美は剃髪、そしてオイラも過料処分を受けるなど、定信の「寛政の改革」によって戯作界は混乱に陥った。さらに、意次のもとで重用されていた勘定組頭《かんじょうくみがしら》の土山宗次郎《つちやまそうじろう》が横領の罪で処刑される（79ページ参照）に至って、**宗次郎と懇意だった赤良（大田《おおた》南畝《なんぽ》）まで自粛を余儀なくされちまった。**

　実は宗次郎は赤良に経済的な支援をしていたから、下手をすると赤良も連座して処罰を受ける可能性があった。さらに赤良は、定信の「寛政の改革」を皮肉った次の二首の狂歌の作者ではないかと疑われていた。

**世の中に　蚊ほどうるさき　ものはなし　ぶんぶといひて　夜もねられず**

※「蚊ほど」は「これほど」との掛け詞。「ぶんぶ」と「文武」を掛け、なにかと学問（文）と武芸（武）とを奨励してうるさいと批判している。

**白河の　清きに魚の　すみかねて　もとの濁りの　田沼こひしき**

※「白河」に「清らかな水の川」と定信が白河藩主だったことを掛けている。

こんな（今日まで残る）大傑作狂歌を作っちまうなんて、さすが赤良大先生!!　と賛辞を贈りてぇところだが、赤良大先生も武士の端くれ、定信に盾突いちゃあ、おまんまの食い上げどころか、お家断絶の危険まであるんだから仕方がねぇ、自主的に筆を折った。

戯作者や浮世絵師と交流することで作品を出版するスタイルを取ってきた蔦重にとって、赤良という狂歌・戯作仲間のまとめ役を失っちまったのは本当に痛かった。

そうしたなかで、孤軍奮闘したのはオレ様こと山東京伝だった。

オイラは、蔦重と鶴屋喜右衛門《つるやきえもん》の二つの版元から次々にヒット作を出していった。あまり「うがち」すぎるとお咎めを受けるから、そのあたりは上手に加減したつもりだったんだが……。

# 出版の取り締まり強化！　蔦重を狙い撃ち!?

一七九〇（寛政二）年に、湯島聖堂《ゆしませいどう》の学問所で、儒学のうち朱子学《しゅし》を「正学」とし、それ以外の「異学」の講究を禁ずるという「寛政異学の禁《かんせいいがくのきん》」が通達され、また出版に関しても、風俗を紊乱《びんらん》するような違法出版物の取り締まりの強化が図られた。頭がカチンコチンの定信らしいやり方だが、当然狙いは、娯楽本を出している地本問屋《じほんどいや》蔦重と売れっ子戯作者のオイラこと山東京伝《さんとう》だ。

翌年正月にオイラの書いた洒落本《しゃれぼん》『娼妓絹籭《しょうぎきぬぶるい》』『仕懸文庫《しかけぶんこ》』『錦之裏《にしきのうら》』の三作が刊行されると、「待ってました!!」とばかりに摘発されて、筆禍《ひっか》を招く憂き目に遭っちまった。

◎著作・作画　……　山東京伝・北尾政演《まさのぶ》　手鎖五十日
◎版元　……　蔦屋重三郎　身上半減《しんじょうはんげん》※の闕所《けっしょ》
◎地本問屋行事※　……　伊勢屋《いせや》某・近江屋《おうみや》某　軽追放《けい》
※処分理由　……　遊女の放埓《ほうらつ》の体《てい》を書綴《かきつづ》りしこと

てやんでい、べらぼうめ！「遊女の放埓の体」だとぉ、遊女がワガママで何が悪い、冗談はよしのすけ!!　と言いてぇところだが、大人気戯作者・山東京伝（画名・北尾政演）と、大活躍の版元・蔦屋重三郎に狙いを定めて処罰した効果は抜群だった。「ゴルゴ13」も真っ青のピンポイント攻撃だ。地本問屋仲間たちはこの見せしめ処罰に怖気《おじけ》づいて、一気に自粛ムードが蔓延しちまった。

蔦重も痛い処分を食らっちまって、しょぼしょぼよ。トホホのホ。

※「身上半減」……「身上（年収）」と「身代（全財産）」の二説ある。「身上（年収）」ならそれほどの処分ではないが、「身代（全財産）」ならば相当な痛手となる。

※「地本問屋行事」……地本間屋の仲間のなかで、自主的に違法出版物を取り締まるための役割を担ったのが「行事」。

## 筆禍に遭った京伝の調書に書かれていたこと

一七九一（寛政三）年に刊行された三冊の洒落本によって筆禍事件を起こしたオイラだったが、その際取られた調書に、**蔦重がオイラに原稿料（作料）を支払っていた**

**ことが書かれていた**。バレちまったか（笑）。

前にも書いたように、当時の戯作や狂歌づくりは遊びや趣味だと考えられていたから、作者に対して（吉原での「おもてなし」はあるにしても）原稿料や印税を支払うという考え方はまったくなかった。それどころか出版に際しては自弁だったりした。

ところが、「寛政の改革」で売れる本を書ける戯作者がいなくなっていたうえに、才能あるオイラを専属作者にしたいがため（エッヘン）、蔦重はオイラに原稿料を支払ってくれたわけだ。まあ一種の契約金みてぇなもんだ。

ということで、日本初の原稿料をもらったのはオレ様こと山東京伝ってことだ。いちおう付け足しておくと、一時払いの原稿料であって、売れ行きに応じてもらえる印税じゃねえから、誤解のないように（本当は印税がほしかったなぁ）。

教えて、京伝!!

## 「京伝好み」の煙草入れって何？

実はオイラとしてもカミさん（お菊）と商売を始めたくて、なにかとお金が入用《いりよう》だったもんだから、蔦重と鶴屋喜右衛門のところで専属作家としてお世話になることにした。お金がもらえるんなら、売れる作品をバンバン書いてみせるぜってことで、お互いにウィンウィンの関係だったわけよ。

オイラは張り切って売れるものを書いたわけだが、ちょっとやりすぎちまって当局に目を付けられた。てやんでい、こうなりゃ負けてらんねぇ。手鎖五十日のお咎めが明けたあと、いただいた原稿料でもって現在の銀座一丁目に煙管《きせる》と紙製煙草《たばこ》入れなどを扱う小物販売店「京屋《きょうや》（京伝店《きょうでんだな》）」を開いた。

「粋な通人」として有名だったオイラのデザインした煙草入れは**「京伝好み」と呼ばれ、江戸っ子の間でブランド品として大流行**。へへ～ん、ざまぁあみやがれだ。

ただ、手鎖刑で被った精神的な影響は大きく、創作意欲は落ち気味だった。前に組んだ両手に鉄の手錠を掛けられ、厠（トイレ）に行くのもままならず五十日も自宅で謹慎させられたんだから、そりゃ落ち込むのが普通ってもんだ。

そんなとき、目をかけていた馬琴が洪水に見舞われて住む家を失い、オイラを頼ってきた。そこで「渡りに船」とばかりに、馬琴を自宅に食客《しょっかく》として逗留《とうりゅう》させる代わりに執筆を助けてもらい、しまいには代作までしてもらった。

さすがは、のちに足掛け二十八年にも及ぶ超大作『南総里見八犬伝《なんそうさとみはっけんでん》』を書き上げるだけの筆力がある馬琴だ。助かったぜ。そんなこともあって、**一七九二（寛政四）年に馬琴を蔦重「耕書堂」の手代《てだい》（使用人）として推薦した。**

## 〝娯楽系〟がダメなら〝学問系〟に乗り出す！

ところで、オイラには**「森羅万象《しんらまんぞう》」**と号する仲良しの戯作者仲間がいた。本名は森《もり》島中良《しまちゅうりょう》、オイラより少し年上だ。医者の息子として生まれた万象は博学多才で、交友関係も広く、平賀源内《ひらがげんない》の弟子になっていた。

源内が不幸な死に方をした（123〜124ページ参照）のち、ブラックな笑いである**「平賀ぶり」を正統に継承したのがこの万象**で、黄表紙や洒落本を書いて活躍していた。

実は万象もオイラと同じ獅子鼻で、それをトレードマークにしたかったみたいだが、オイラのほうが先に売れっ子になり、獅子鼻が「京伝鼻」と呼ばれてオイラのトレードマークになったのを、万象は嫉妬していたみたいだ。

万象は「寛政の改革」が始まると定信にすり寄っていった。となると、オイラのことを攻撃してくるのは時間の問題。予想通り、万象がある本に、

**最近の洒落本は、睾丸《きんたま》をさらけ出して人を笑わせている下品な作品が多い。**

と書きやがった。仲間と信じていた万象がこんなことを書くとは!!「平賀ぶり」だと言い訳されても笑えねぇ、びっくり下谷《したや》の広徳寺《こうとくじ》だ。キンタマだとぉ。べらぼうめ! さすがの(気の長い)オイラも怒った。絶交だ!!

ただ、万象が本気でこれを書いたのか、それとも定信との関係で書かざるを得なかったのかわからねぇ。とにかくこの頃は、オイラにとって最悪に近い時期だったことだけは間違いねぇ。

一方、蔦重も苦しんでいたが、いいこともあった。

娯楽物の本は、出版統制と不況のあおりを食って売れ行きは落ち込んだが、定信の学問奨励策を受けて、真面目な学問系の書物の売れ行きはうなぎ昇りになった。

そこで一七九一(寛政三)年、蔦重は書物問屋《しよもつどいや》の株を取得し、書物(堅い内容の学術書など)の出版にも乗り出していく。**転んでもただでは起きねぇ蔦重、流石だね。**

## 厳しすぎ!?　林子平の本までも発禁に！

「寛政の改革」にともなう出版物取締令によって、一七九二（寛政四）年、**林子平《はやししへい》の書いた『三国通覧図《さんごくつうらんず》説《せつ》』と『海国兵談《かいこくへいだん》』が発禁を食らっちまった。**

この二冊の本は、外国（特にロシア）による日本侵攻の危険性を指摘し、四方を海に囲まれた日本の海岸防備の強化を主張した書物だった。

至極まっとうな内容で、これを読めば、ただちに海防に着手するのが筋ってもんだが、いかんせん幕府の政策を批判する内容だったため、「奇怪異説を説いて人心を惑わす」として、幕府はこの本を発禁処分とした。

『海国兵談』は千部刷る予定だったが、数十部刷ったところで板木《はんぎ》（版木）を取り上げられ、※禁固《きんこ》刑《けい》まで科せられてしまった子平は、自らを「六無《ろくむ》斎《さい》」と名乗って次の狂歌を詠んだ。

親もなし　妻なし子なし　板木なし　金もなければ　死にたくもなし

笑っちゃいけねぇが、まさに「六無」。自らを嘲《あざけ》る歌を詠んだ子平は**「寛政の三奇《さんき》人《じん》」**の一人だったが、この場合の「奇人」とは奇人変人の奇人じゃなくて、「人と違う視点を持ち、確固たる自説を訴えた優れた人」という褒め言葉だ。

三奇人は林子平のほかに、**尊王《そんのう》思想を説いた高山彦九郎《たかやまひこくろう》**と、天皇陵《りょう》とされている古墳を踏査《とうさ》し、その荒廃を嘆いて**『山陵志《さんりょうし》』を書いた蒲生君平《がもうくんぺい》**のことを指す。

彦九郎の尊王思想は、吉田松陰《よしだしょういん》はじめ、幕末の志士たちに影響を与えた。日本中を旅してその詳細な日記を残したが、「予《よ》は狂気なり」と叫んで切腹自殺した。

君平は貧困のうちに赤痢《せきり》に罹って亡くなったが、子平同様「海防論者」であり、彦九郎同様「尊王論者」でもあった。子供の頃、読書好きだった君平は、夜に近所が火事になると、これ幸いと屋根に上ってその明かりで読書したってぇんだから、よほどの学問好きだ。

ちなみに「前方後円墳《ぜんぽうこうえんふん》」という古墳の呼称を初めて使用したのは君平だった。貧しさゆえに生前刊行できたのは『山稜志』『職官誌《しょつかんし》』の二冊だけだったが、これとて借金してやっと出せたという苦労人だ。

## 「寛政の改革」での主な禁書・絶版処分

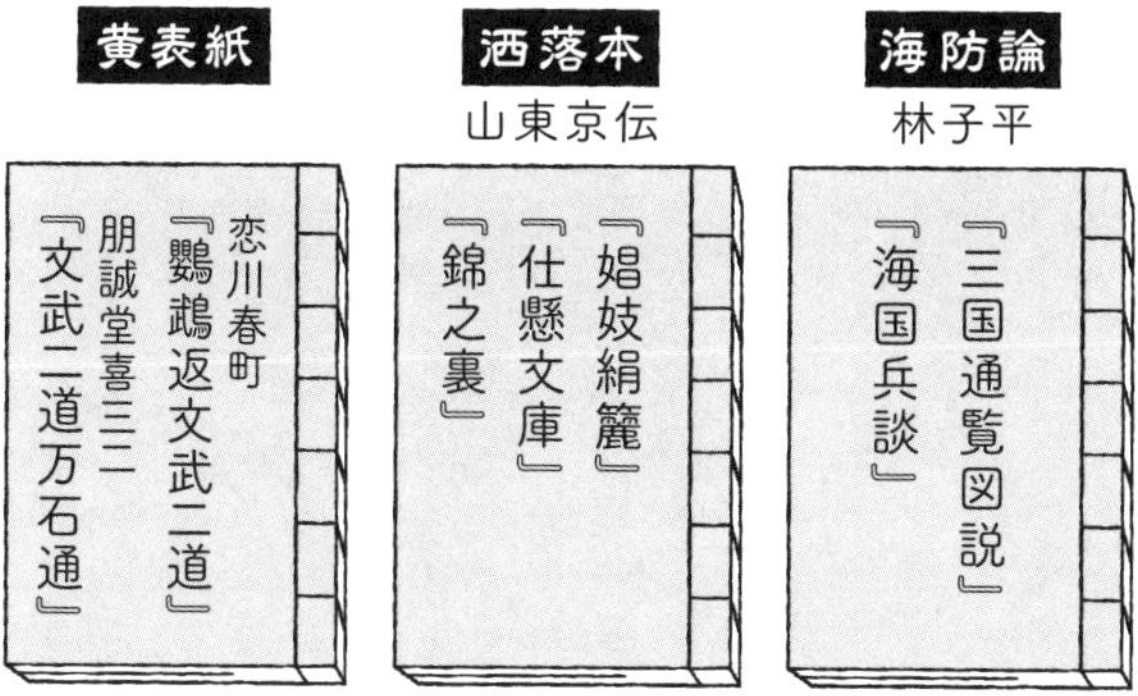


こんな奇人（優れた人材）たちを生かすどころか本を発禁にしたりするなんて、定信には「味噌汁で顔洗って出直してこい!!」と言いたいね。

蔦重とオイラに言わせると、意次と定信は「月とスッポン」。江戸文化の大恩人は田沼意次で決まりだ。

※「板木（版木）を取り上げられ」……子平が自写による副本《ふくほん》を持っていたことで難を逃れ、『海国兵談』は後世に伝わることとなった。

# 6章

# 蔦重の巻き返し

## ——喜多川歌麿と東洲斎写楽に賭けた晩年

# 美人画の天才絵師・喜多川歌麿をプロデュース

松平定信の「寛政の改革」でオイラは少しくじけたが、蔦重はこんなことで負けるような江戸っ子じゃねぇ。とんでもない大流行を創り出す。

それまで実力絵師としてそれなりに活躍していた**子飼いの喜多川歌麿《きたがわうたまろ》と組んで、蔦重は雲母摺《きらずり》※による「美人大首絵《びじんおおくびえ》」という新機軸を打ち出した。**これにより耕書堂は巻き返しに成功だ。天晴《あっぱれ》!!　さながら起死回生の逆転満塁ホームランってとこだ。

その話はもう少しあとで詳しくするとして、まずは喜多川歌麿の人生を追っていこう。

歌麿の出自や出身地は不明だが、年齢は蔦重の三歳くらい下ってところだ。

狩野《かのう》派の絵師で、妖怪画で有名な鳥山石燕《とりやませきえん》の門人になった歌麿は、同門の恋川春町《こいかわはるまち》、志水燕十《しみずえんじゅう》ら先輩方とともに過ごし、浮世絵界の大御所北尾重政《きたおしげまさ》にも可愛がられた。

歌麿は、恵まれた環境のなかで才能を開花させていった。十代の頃は「北川豊章《きたがわとよあき》」の名で、富本浄瑠璃《とみもとじょうるり》の正本《しょうほん》の表紙や絵入俳書《えいりはいしょ》の挿絵などを描いていた。

やがて田沼時代を迎え、浮世絵も庶民にとって身近なものになっていった。

**浮世絵は、遊女たちの姿や当時の江戸の風景、流行の芝居や役者絵などを題材にし**

**ていた風俗画だった。**一点物の「肉筆画」は高くて手が出なかったが、印刷された「木版画」ならば一枚数百円程度。江戸の庶民でも手軽に買い求めることができた。「浮世」は「憂《う》き世」が語源で、平安時代には「辛い世」のことを意味したが、江戸っ子は「憂き世」を「浮世」と漢字を変え、意味も「ウキウキした享楽《きょうらく》の世」と明るく解釈した。何事も生きているうちに楽しまなきゃ損ってもんサ。

閑話休題、本題に戻ろう。

「うた麿」という署名がある最初の作品は、一七八一（天明元）年の「黄表紙《きびょうし》」で、版元は蔦重の所だった。**実はこの頃、歌麿はなにやら縁あって蔦重のところに居候《いそうろう》していた。**一七八四（天明四）年に「喜多川歌麿」を名乗ったが、「喜多川」という姓は蔦重の本姓であるところからも、二人の関係性がわかろうってぇもんだ。

翌年、蔦重は歌麿のお披露目《ひろめ》会を企画した。

その会には四方赤良《よものあから》・朱楽菅江《あけらかんこう》・恋川春町・朋誠堂喜三二《ほうせいどうきさんじ》ら狂歌・戯作者と、北尾重政・勝川春章《かつかわしゅんしょう》・鳥居清長《とりいきよなが》ら浮世絵師を招待した。当代一流の文化人たちを前にした歌麿はどれほど興奮したことだろう。裏山椎《しい》の木山椒《さんしょう》の木だ。

蔦重に弟のように可愛がられていた歌麿は、こうしたバックアップのもと、いいタイミングでデビューしたはずだったが、同時期に活躍していた鳥居派の絵師鳥居清長に人気、実力ともに完敗してしまう。

こんなはずじゃなかった……。

※「雲母摺」……岩絵具に、細かく砕いた雲母《うんも》の粉、もしくは貝殻《かいがら》の粉を混ぜて膠液《にかわえき》で溶き、背景を一色で塗りつぶす技法。キラキラしているのが特徴。

## 鳥居清長に完敗！ しばらく我慢の日々を送る歌麿

「鳥居派」は元禄年間（一六八八～一七〇四）に興《おこ》り、歌舞伎の劇場の看板絵や芝居絵、役者絵を得意としていた。鳥居派三代目に弟子入りした清長は、十代後半にデビューした早熟の天才だったが、次第に役者絵から離れて美人画で本領を発揮するようになった。

**清長を有名にしたのは「八頭身美人《はっとうしんびじん》」**（次ページの図版参照）**を描いたことだった。**

「こんないいスタイルの女は見たことねぇ」……江戸っ子にバカウケだ。蔦重もその人気にあやかって作品を刊行させてもらっている。

**鳥居清長、当世風の女絵一流を書出す。世に清長風といふ。**

まさに一世を風靡する勢い。鳥居家の血筋ではなかった清長だが、三代目が亡くなったあと四代目を襲名し、鳥居家の血筋の五代目が跡を継ぐまでの間をつないだ。

遊女たちの一年を描いた鳥居清長の『美南見十二候《みなみじゅうにこう》』。八頭身の健康的な美人を描いて一世を風靡した。

「美人画といえば清長」というくらいの評判を取っていた清長の活躍を横目で見ながら、歌麿は師である石燕の手伝いをして細々と作品を発表するという屈《くっ》辱《じょく》の時を過ごしていた。く、く、くやしいぜ!!

虫をお題に詠んだ狂歌が集められた『画本虫撰』。
虫の世界を覗いているかのような感覚になる名作。

## 転機になった『画本虫撰』は芸術の域！

歌麿に転機が訪れたのは、一七八八（天明八）年、**狂歌絵本『画本虫撰《えほんむしえらみ》』**（図版参照）**の挿絵**を担当したことだった。

蔦重の盟友、宿屋飯盛《やどやのめしもり》が編集したこの狂歌集は、飯盛の代表作になるとともに、歌麿にとっても画力を磨くいい機会となった。本を見るとわかるが、歌麿の大胆な筆致はもとより、高い印刷技術、造本の確かさ、豪華さとがあいまって、もはや**『画本虫撰』は芸術の域に達している**。蔦重の力の入れようが一目瞭然ってもんだ。

これで自信を得た歌麿は、蔦重の期待に応えて狂歌絵本に集中し、この数年間で十種以上の絵本に百五十図を超える挿絵を描いた。その活躍を見ていた蔦重は、

**歌麿の真の才能は、「美人画」を描くことにあるにちげぇねえ。**

と気が付いた。

そこで蔦重は「吉原連」に歌麿を参加させ、「粋」で「通」な文人墨客《ぶんじんぼっかく》たちとの交流を図った。歌麿の狂名《きょうみょう》は「筆綾丸《ふでのあやまる》」（筆を誤る＝描き損じるの洒落）。狂歌は決して上手いとはいえなかったが、**蔦重の真の目的は、歌麿を吉原遊郭に通わせることで、遊女たちの生活ぶりや女性らしい所作を徹底的に観察させること**だった。

吉原をホームとする蔦重だからこそ成し得たことだが、そのことが結果として歌麿の才能を引き出して開花させ、スター絵師へと引き上げることになる。ちなみに吉原に入り浸った歌麿だけに、この時期に描いた「春画《しゅんが》」も世界的大傑作だ。

それについては、またあとのお楽しみってぇことで。

## 「美人大首絵」――キラキラ雲母摺の新趣向が大ブレイク！

出版弾圧によって「身上半減《しんじょうはんげん》」という痛い目に遭った蔦重は、世相を批判する「黄表紙」や遊郭を舞台にした「洒落本《しゃれぼん》」で当たりを取ることが難しくなった。

そこで蔦重は、子飼いにしていた歌麿を、満を持して世に送り出すことにした。

ただし、清長の「八頭身美人」に対抗する以上、当時の美人画にはない工夫を凝らさなきゃなんねぇ。蔦重と歌麿コンビは考えに考えた。


ここは、「美人大首絵」でいこうじゃねぇか!!


「大首絵」とは主に役者絵に使われていた手法で、画面いっぱいに上半身を大きく描くものだが、その新趣向が美人画で成立するかどうかは未知数だった。

しかし、すでに絵師として力量十分の歌麿は、表面的な女性美だけではなく、細やかなしぐさや喜怒哀楽の表情までを描き切り、内面の女性美まで写し取ることができた。歌麿は蔦重のアイデアに、「合点承知之《がってんしょうちの》助《すけ》!!」とノリノリで応えた。

それを可能にしたのは、歌麿が吉原に通い詰め、遊女たちの裏表を知り尽くしていたからだった。蔦重の先見の明（先行投資）がここで生きた。

技術的な革命もあった。**歌麿はそれまで全身図が主流だった美人画をバストアップの構図に変えただけでなく、髪の毛の一本一本まで丁寧に描き、無地一色に省略された背景に雲母摺を用いてキラキラさせ、人物を浮き立たせた**（カラー口絵Ⅱ参照）。

ほかにも模様などを凹凸《おうとつ》で浮き出す空摺《からずり》（エンボス加工）などの技法を駆使して、女性の官能美を追求した。

単純化された画面構成と、確かな技術に裏打ちされた線描《せんびょう》のリズムと色使い……なにもかもが新鮮な歌麿の「美人大首絵」は、江戸っ子の心をあっという間にわしづかみにした。歌麿は清長に追いつき、そして追い越した。

## 歌麿、江戸の「強力インフルエンサー」に！

一七九二（寛政四）年からの数年間、歌麿は絶頂期を迎えた。人気実力ともにナンバーワンの絵師となった歌麿は「正銘《しょうめい》哥麿《うたまろ》筆」という落款《らっかん》をするほどまでに自信を付け、清長の上をいく「美人画歌麿時代」を謳歌《おうか》していた。

木版画の浮世絵は大量印刷が可能だったので、一枚二十文前後（約五百円）と安価だったことも手伝って、**庶民の間で歌麿の浮世絵はアイドルのブロマイドのように買われた**。また、歌麿は肉筆画においても「歌麿の白」と称されるくらい白の使い方が上手かった。「色の白いは七難隠す」といわれるように、お肌が命の女性にとって、歌麿の描く美白の女性像は憧れの的だった。

歌麿がモデルとして取り上げると、その女性の名はたちまち江戸中に広まるほどの影響力があった。凄い宣伝力、強力なインフルエンサー歌麿だった。

# 超絶技巧！
# 歌麿のもう一つの代表作「春画」

ところで、蔦重と歌麿のコンビで忘れちゃいけないのが「春画」だ。

今でいうとエロ本のイメージがある春画だが、当時は浮世絵の一大ジャンルであり、ほぼすべての浮世絵師が「春画」を本気で描いていた。

**「春画は嫁入り道具」**といわれるくらい、庶民に浸透していた。

嫁入り前の初心《うぶ》な花嫁は、そこに描かれている男女の営みを見て新婚初夜にどういうことが為されるかを学んだ。**嫁入り道具として春画を持たせるのは親の務め、性教育の一環だった。**春画に描かれている男性のモノは（縁起物として）かなり誇張されていたから、初夜に少々デカイ物を見ても大丈夫、余裕のよっちゃんだ。

勝川春章の春画『百慕々語』の「やまらのおろち」。
日本神話に登場するヤマタノオロチのパロディー。

ちなみに、春画はのちに海外に大量に流出したが、そこに描かれた馬並みの巨根を見た外人は「ウマタロ」と呼んで、日本人男性は全員巨根だと信じ込んだという（笑）。ウマタロ国ジャパン万歳!!

そもそも春画とは、男女の性的交わりを描いた浮世絵の一種で、別名「笑い絵・枕絵・秘画・わ印」などと呼ばれた。「わ印」というのは春画や春本を示す隠語で、「わ」の字は「笑い絵」の「わ」、もしくは「猥《わい》褻《せつ》」の「わ」といわれている。

**日本では『古事記《こじき》』以来の伝統として「男女和合《わごう》」を尊《とうと》ぶ精神があり、江戸時代も性的な描写をユーモアとして大らかに楽しむ風潮があった**（だから「笑い絵」）。

勝川春章の描いた『百慕々語《ひゃくぼぼがたり》』は、怪談「百物語」のパロディーで、化け物すべてが性器で構成されているというトンデモ春画だ。

たとえば、「やまらのおろち」（ヤマタノオロチ）という八亀頭の化け物が「イヤダ姫」（稲田姫《いなだひめ》）に襲いかかっている図（前ページの図版参照）では、化け物を見ないように左の袖《そで》で顔を隠しているイヤダ姫が、「いや、イヤ～ん」と言いながら、実は右手に張形《はりがた》（男性器のレプリカ）を持っている（笑）。

また、播州《ばんしゅう》皿屋敷ならぬ「ばんしうまらやしき」では、井戸から出てきた女性器の幽霊が「ひと～つ、ふた～つ」と男性器の本数を数えるとか……「プププッ」と吹き出す、かるい、いや、あかるい春画のオンパレードだ。

春画は裏モノだったから値付けは自由。いいものを作りさえすれば、高くても売れた。蔦重も歌麿もせっせと春画の制作にいそしんだ。歌麿の代表作は「美人大首絵」と、もう一つは芸術的な「春画」にあるってことは強く言っておくぜ。

## エロは不滅！　幕府の春画発禁をかいくぐり…

ところが、ともかくお堅いことが大好きな定信の「寛政の改革」によって、春画は

発禁になった。カタブツの定信は『宇下人言《うげのひとごと》』のなかで、
房事《ぼうじ》（性行為）は子孫を増やすためにするもので、私は性欲に負けたと感じたことは一度もない。

と記している。まったくもって石部金吉《いしべきんきち》、あっちの硬度はどうだか知らねぇが、少なくとも頭はカッチコチだ。

定信は自説を確認するため、かつて関係を持った女中《じょちゅう》が嫁《とつ》ぐことになったとき、嫁入りの心構えを説きながら一晩共寝をしたあと、「いささかも欲望は起きなかった。私は自らの情欲に打ち勝った!!」と記している（アホや）。いったい何がしてぇのか、オイラみたいな凡人には賢人の考えていることはさっぱりわからねぇ……。

松平定信の自叙伝《じじょでん》『宇下人言』は、生まれてから老中辞任《ろうじゅう》までの詳細な回想録だ。書名は「定信」の字を分解したもので、「定」を「宇」と「下」、「信」を「人」と「言」に分解して『宇下人言』……定信にしてはシャレてるじゃねぇか。

定信はこの本を秘本とし、「我が子孫といえども、老中になった者以外はこれを見

ることを禁ずる」と言って三重の木箱に入れて封じ、家臣に保管させた。ところが定信以降、その子孫から老中になる者は出なかった……。

完全に忘れ去られた『宇下人言』だったが、明治になってたまたま発見され、一九二八（昭和三）年、定信没後百年を記念して世の中にお目見えしたっていう代物だ。

この本を通じて定信の人となりや学問観、政治思想、また当時の政治情勢を知ることができる点では貴重だ。筆まめな定信公、ありがとうございやす。

そんな**クソが付くほど真面目な定信に弾圧された春画だが、エロは不滅だ。**

**「二本差しが怖くて田楽《でんがく》が食えるか」ってなもんよ。**

江戸っ子の反骨精神に火が付き、地下に潜って制作が続けられた。やめろと言われれば言われるほど、やりたくなるのが人情ってもんで、かえって贅沢な画材を使い、彫摺《ほりすり》も超絶技巧を駆使した豪華な春画ができた。ただし、さすがに明治以降は政府により猥褻物として徹底的に取り締まられちまったのは、残念無念。

## 「蔦重の弟分」で終われない歌麿のプライド

**「男一度は伊勢と吉原」**といわれたように、お伊勢参りと吉原は江戸っ子にとって「一度は行ってみてぇ」と憧れる場所だったが、同時に**吉原は「悪所」と呼ばれ、社会的秩序の外にあった**。

吉原生まれの蔦重は、このダブルスタンダードに苦しんでいた。

「吉原はただの『悪所』じゃねぇ。確かにあだ花ではあっても、そこには一流の文化がある。それを堂々と世に出してぇもんだ」と蔦重は常々考えていた。

だからこそ、蔦重は逆境をチャンスに変えて頑張った。歌麿との共同作業で、蔦重は遊女たちを売り出すことに成功した。

テレビも写真もない時代において、**浮世絵はアイドルのブロマイドのような役割を果たしていた**。歌麿の「美人大首絵」を見た江戸っ子は、遊女たちの美しさはもとより、その高い教養と抜群のファッションセンスに心打たれた。

**どうでい、吉原の文化は。オッたまげただろう!!**

蔦重は鼻高々だった。名プロデューサー蔦重の卓越したアイデアと、歌麿の超絶技巧とがうまくかみ合い、**公私を共にしてきた二人が二人三脚で時代を創り上げた。**

「身上半減」の後遺症も癒えた蔦重は、歌麿の浮世絵を通して吉原遊郭の中の様子や、遊女のリアルで華やかな姿を世に知らしめることができて満足していた。

一方の歌麿も、蔦重と組むことによって一躍時代の寵児《ちょうじ》となった。

しかし、鼻っ柱が強い歌麿は、次第に蔦重と距離をおくようになっていった。

**もう蔦重アニキの力を借りなくても、オレ一人で十分やっていける。**

いつまでも「蔦重の弟分」というレッテルが貼られていちゃあ、歌麿のプライドが許さない。蔦重の傘の下にいるだけでは満足できなくなっていた。

そんな折、一七九三(寛政五)年に松平定信が失脚する。

## 歌麿の独立、歌川豊国の台頭
## ――どうする蔦重!?

蔦重が、京伝と歌麿とタッグを組んで起死回生の手を打っていた頃、**定信の「寛政の改革」は早くも行き詰まっていた。**

白河《しらかわ》藩での成功体験ゆえに、定信の打つ手はひたすら質素倹約の一手。

ところが、当時の江戸はすでに世界レベルの大都市となっており、貨幣経済も浸透していた。今さらお金のない世の中に戻ることは不可能。放漫な田沼政治の単なる揺り戻し、謹厳実直《きんげんじっちょく》な文武奨励政策だけでは、うまくいくはずもなかった。

定信は、さらに「棄捐令《きえんれい》」という、旗本《はたもと》・御家人《ごけにん》の借金をチャラにする「禁じ手」のお触れを出してみたり（お金を貸していた商人大悲鳴、倒産続出）、演劇や出版といった庶民の娯楽を弾圧してみたり（演劇・出版界大打撃……勘弁してくんねぇ）、果ては贅沢な衣服や装飾品を禁止してみたり（庶民たち、大ブーイング）……。打つ手打つ手が間違いだった。そりゃあ「**もとの濁りの 田沼こひしき**」（196ページ参照）と詠まれてしまうのも、あたりき車力のコンコンチキだ。

考えてみたら、白河藩で天明の大飢饉を乗り切ったといっても、他藩に回るはずの米を自藩のために買い貯めていただけのことで、定信が日本国全体のことを考えたうえで成功させたわけじゃない。そのことに、遅まきながらみなが気づいたってぇわけだ。

定信のケチケチ大作戦は将軍の贅沢にまで及んだが、これが致命傷になった。「無類の子だくさん」※として知られる大奥大好き将軍こと、十一代将軍家斉《いえなり》に対して大奥の費用削減を迫ったため、**定信は家斉に殺意を抱かれるほど嫌われ、わずか六年で失脚しちまった**。

なお、失脚後の定信は古巣の白河藩に戻って勤めながら、『宇下人言』などを執筆した。亡くなるのは約三十六年後の七十一歳。さすが謹厳実直、節制の人だ。

※「無類の子だくさん」……家斉の子供は、男二十六人、女二十七人、合わせてなんと五十三人（た

だし、二十五人が成人前に夭折）。正真正銘のビッグダディーだ。ちなみに本妻以外に、側室が二十四人、将軍が「お手付」した女性がさらに二十人以上いたといわれている。

## 「歌麿一人におんぶに抱っこ」からの脱却を模索

定信が失脚したからといって、急に社会情勢が（いいほうに）変わることはなかった。相変わらず出版統制は続いていた。

歌麿が実力を付け、独立する姿勢を見せたため、蔦重としても歌麿一人におんぶに抱っこされているわけにはいかねぇ。「ポスト歌麿」探しをしていた蔦重は、歌麿と同門（鳥山石燕の門人）の栄松斎長喜《えいしょうさいちょうき》に目を付けた。

長喜は鶴屋《つるや》喜《き》右《え》衛門《もん》のところから美人絵を出していたが、蔦重にスカウトされて歌麿ばりの雲母摺美人半身画の傑作を生み出した。しかし、歌麿ほどの大ヒットには至らなかった。

そんなとき、**蔦重と同じ地本問屋《じほんどいや》だった和泉《いずみ》屋《や》市兵衛《いちべえ》のところから、歌川豊国《うたがわとよくに》（初代）による役者絵が出版された。**豊国は十代後半にデビューし、清長や歌麿の様式を取り入れながら美人絵を描いていたが、市兵衛がその才能を見抜いて一七九四（寛政六）年に「役者舞台之姿絵《やくしゃぶたいのすがたえ》」を出版した。

二十六歳の豊国が描いたのは、歌麿の大首絵とは正反対の全身像。

「なんだ、昔に戻っただけじゃねえか」と思いきや、豊国は役者の個性的な顔つきや身振りの特徴を見事に捉え、しかもそれを美しく仕上げていた。

ひと目見て誰とわかる豊国の絵は、役者ファンの心をつかんで大評判となり、わずか三年の間に四十点以上も制作される大ヒットシリーズとなった。

豊国の名声はうなぎ昇りとなり、（入門を断らざるを得ないほど）多くの門人を抱える**浮世絵界最大の派閥「歌川派」を形成し、その後の浮世絵界をリードしていくことになる。**

## 世は歌舞伎の黄金時代、目を付けたのは…

和泉屋とタッグを組んだ豊国の役者絵の大成功を目《ま》の当たりにして、蔦重は焦っていた。どうしたもんか……そんなときに、頼るは狂歌仲間たちだった。『万載狂歌《まんざいきょうか》集《しゅう》』に収録されているこんな狂歌がある。

**たのしみは 春の桜に 秋の月 夫婦なかよく 三度食ふめし**

デキは普通だが、なかなかほほえましい。作者は狂名《きょうみょう》「花道《はなみち》つらね」、別名**五代目市川團十郎《いちかわだんじゅうろう》**、有名な歌舞伎役者だ。「日千両《ひせんりょう》」のことは前にも書いたように、一日に千両ものお金が動く場所、吉原遊郭、日本橋の魚河岸《うおがし》、そして歌舞伎三座の芝居町の三つのことを指した。

一六〇三（慶長《けいちょう》八）年に記録された出雲阿国《いずものおくに》の「かぶき踊《おどり》」に始まる歌舞伎は、元禄時代（一六八八〜一七〇四）に飛躍的に発展し、享保《きょうほう》年間（一七一六〜三六）には「花道」や「せり上げ」などの舞台装置が出現するとともにドラマ性も高まり、江戸っ子たちに大人気だった。

蔦重の活躍した時代は、名跡市川團十郎の五代目の時期にあたる。團十郎は歌舞伎で名人と呼ばれるだけでなく、俳諧《はいかい》を詠み、狂名「花道つらね」で「堺町連《さかいちょうれん》」という狂歌師のグループを率いて、赤良や蔦重たちの連とも交流していた。

**歌舞伎の黄金時代を目の当たりにしていた蔦重が、浮世絵の役者絵を出そうと思わないはずがねぇ。**

蔦重と交流のある絵師の一人、勝川春章は役者絵（と春画）を得意としていた。春章は勝川派を創始し、多くの弟子を育てた大物だった。肉筆の美人画で評判を取り、『青楼美人合姿鏡《せいろうびじんあわせすがたかがみ》』を重政と共作したのは前述した通りだ（111ページ参照）。

しかし、春章はすでにこの世になく、その弟子たちにもピンとくる者がいない。蔦重が企画していたのは、豊国に対抗するためのあっと驚くような役者絵だった。

**豊国が全身像でくるなら、オレはあくまで大首絵で勝負だ!!**

役者の顔貌《かおかたち》をリアルに描き取り、特徴ある顔だけでその役者を特定できるような大首絵で豊国に勝つ!!　それが蔦重の狙いだった。

## 東洲斎写楽デビュー！<br>話題に比べて売り上げは…？

**一七九四（寛政六）年五月、東洲斎写楽《とうしゅうさいしゃらく》という新進気鋭の浮世絵師が、いきなり二十八枚もの役者絵を一気に発表した**（カラー口絵Ⅲ参照）。

しかも、それらはすべて従来の中判（二十七×十九・五センチ）よりひと回り以上大きい大判（三十九×二十七センチ）サイズの大首絵だった。

何より江戸っ子を驚かせたのは、役者の顔がためらいなくデフォルメ（誇張）されていたことだった。同年の正月に出された豊国の役者絵は、全身像かつ顔やしぐさの特徴を捉えたうえで美化されたものだったのに対して、写楽のそれは違った。

**あまりに真を画《か》かんとてあらぬさまにかきなせしかば、……**

と、『浮世絵類考《うきよえるいこう》』※に書かれたように、年取った役者の顔に皺《しわ》があればそれをリアルに描いたのはもちろんのこと、本人が鷲鼻《わしばな》ならより大きな鷲鼻に、大きなあごはさらに大きなあごにと、目立つようにデフォルメされていた。

一方、顔に対して手は現実のものよりかなり小さく描かれていたが、それが逆に絶妙なバランス感を生み、大首絵の印象を強くしていた。

人物の背景としては、高価な「雲母摺」の手法が使われていた。「雲母摺」は、歌麿の絵でも使われていた特徴の一つだったが、**歌麿が「白雲母摺」だったのに対して、写楽の絵には対照的な色づかいである「黒雲母摺」が配された。**

まったく無名の新人である東洲斎写楽の浮世絵に、これだけ豪華な摺りが使われ、しかも一気に二十八枚もの大首絵でセンセーショナルなデビューを飾ったその裏には、もちろん蔦重の存在があった。蔦重もすでに四十五歳。

**「江戸のメディア王」たる自覚を持っていた蔦重は、写楽作品にすべてを賭けた。**

しかし、当時ブロマイド的な扱いを受けていた役者絵としては、写楽の作品は大胆すぎた。歌舞伎や芝居のファンが、贔屓《ひいき》の役者の姿を見るために買うのが一般的だったため、同年に発表された売れ線の豊国の役者絵に対して、写楽の前衛的ともいえる芸術的な浮世絵はそれほど売れなかった。

**蔦重と写楽、百年早かったぜ……。**

※『浮世絵類考』……江戸時代の浮世絵師の伝記や来歴を記した著作。大田南畝《おおたなんぽ》(四方赤良)が著した原本に、のちに複数の考証家が加筆して成立した。

## わずか十カ月でぱったり消息を絶った「謎の絵師」

写楽の作品はすべて蔦重のもとで出版されており、第一期から第四期までに分けることができる。具体的にそれぞれを説明していこう。

一七九四（寛政六）年五月に発売された**第一期の二十八枚のデビュー作品は、有名な「市川鰕蔵《いちかわえびぞう》の竹村定之進《たけむらさだのしん》」「三代目大谷鬼次《おおたにおにじ》の江戸兵衛《えどべえ》」などを含む傑作揃い**で、今でこそ「これぞ写楽だ!!」と世界的にも評価が高いが、発売された当時はあまりに斬新な作風ゆえに賛否両論があった。いってみればゴッホみたいなもんで、凄すぎて発表当時は理解されなかったってぇわけよ。誠に申し訳有馬温泉……。

同年七月に発表された**第二期では、大首絵は一枚もなくなり、二人の役者を配した背景なしの全身像という方向に大きく転じた。**こりゃあビックリだ。歌麿同様の「白雲母摺」を用いた絵もあり、判型も大半が細判（約三十三×十五〜十六センチ）となるなど、第一期との違いが明確だ。

第一期は若手や脇役の役者が多く、第二期以降は人気役者を描く割合が増えている。

そこには新たな人気役者を作り出したいという、歌舞伎の座元《ざもと》（興行主）と蔦重との一致した意向があったようだ。歌舞伎界のスポンサーの影がちらついている。

**第三期の十一月（と閏《うるう》十一月）には再び大首絵が復活するが、一期ほどの大胆なデフォルメはなくなっていた。**その代わり、若くして亡くなった役者の「追善絵《ついぜんえ》」が描かれるなど、リアルタイムで歌舞伎界を反映したものが多かった。そして、今まですべて「東洲斎写楽画」だった落款が「写楽画」を含めた二種の落款に変化している。役者名の誤記などもあり、質の低下が見られるのが第三期だ。

翌年の一月の**第四期では「写楽画」の落款のもと武者絵など十数点が描かれたが、作品の質は激落ちし、迷走の果てに写楽は忽然《こつぜん》と姿を消してしまった。**

デビューしてからわずか十カ月。いったい何があったってぇんだ!?

教えて、京伝!!

## 東洲斎写楽は「誰」なのか？

実は、前に紹介した『浮世絵類考』には続きがある。

あまりに真を画《か》かんとてあらぬさまにかきなせしかば、長く世に行われず一両年にて止《や》む。

活動期間、わずか十カ月（寛政六年の閏十一月を入れた計算）。その間に写楽は、百三十四点の役者絵と十点の相撲絵・武者絵などを加えた百四十五点余り（点数に関しては諸説あり）の作品を発表したが、**傑作はほとんど第一期に集中していた。**第二期以降は構図の面白さはあるものの、凡庸《ぼんよう》な作品が多くなっていく。デビュー翌年の正月に十数点の作品を発表したのを最後に、写楽は筆を折った。写楽は彗星《すいせい》のように現れ、彗星のように姿を消した。

……謎が謎を呼ぶ絵師「東洲斎写楽」。その正体に関して様々な説が唱えられているので、いくつかの主要な説を紹介しよう。

## その壱　著名な絵師説

突然現れた写楽の画力はハイレベルだった。特に第一期の作品は大胆なデフォルメだけではなく、「雲母摺」などの確かな技術に裏打ちされていた。となると蔦重の近くにいた歌麿や葛飾北斎《かつしかほくさい》、オイラ（山東京伝《さんとうきょうでん》）や酒井抱一《さかいほういつ》、あるいは豊国など、**当時の実力ある浮世絵師**が東洲斎写楽という別名で描いたという可能性がある。

浮世絵師以外の実力者、円山応挙《まるやまおうきょ》や谷文晁《たにぶんちょう》などが正体であるとする説もあるが、いずれも根拠に乏しい。

作品のすべてが蔦重のところから刊行されている点から、蔦重こそが写楽本人だという説も飛び出しているが、蔦重にこれだけの傑作が描けるならば、もっと早くデビューしているにちげぇねぇ(笑)。

## その弐　蔦重の主宰する工房説

短い活動期間のうちにこれだけ大量の作品が発表され、その間に目まぐるしく作風が変わり、また画力の違いも大きいことから、**作者は一人ではなく、何人かの手による工房で作られたという説**。これは十分あり得る説だ。

蔦重がプロデューサーとなり、何人かの絵師を手配すれば、短期間にこれだけの点数を描かせることはできるし、画風の違いも納得がいく。あとはどの期に誰に描かせたのか、そして何人の絵師を手配していたのか、というところが問題になる。

## その参　能役者、斎藤十郎兵衛説

多くの人が写楽の正体を追いかけていたなかで、一八四四（天保《てんぽう》十五）年に斎藤月岑《さいとうげっしん》という有名な考証家が残した本に、写楽について書かれていたことが発見された。

**写楽。天明寛政年中の人。俗称、斎藤十郎兵衛《さいとうじゅうろべえ》、居、江戸八丁堀《はっちょうぼり》に住す。阿州侯《あしゅうこう》の能役者也。**

この当時、八丁堀（現・中央区）に徳島藩主（阿州侯＝蜂須賀《はちすか》家）お抱えの能役者、斎藤十郎兵衛が住んでいたことは、様々な史料から明らかになっている。また、写楽の浮世絵に見られるように、役者の姿を活き活きと描くことができたのは、写楽本人が舞台と深い関わりを持っていたからだ、という点で、この斎藤十郎兵衛説は説得力を持つ。

また「斎藤十郎兵衛」という名を、濁点を取って平仮名にしてみると「**さいとうしゅうろへえ**」で、これは「東洲斎」の「斎」の字を頭に持ってきた「斎東洲（**さいと**

**うしゅう）**」と同じ。言葉遊びが好きな江戸っ子らしいネーミングといえる。
ただし、斎藤十郎兵衛がなぜ蔦重のもとで役者絵を描くことになったのか、そして絵師としての画力をどこで磨いたのかなど、依然として不明な点が多い。さらに、画力の低下や、わずか十カ月で忽然と姿を消した理由もわからない。

### その肆 複合説（中村此蔵写楽説）

写楽の残した役者絵の一枚に描かれた、歌舞伎役者の中村此蔵《なかむらこれぞう》が写楽の自画像であり、彼が第一期の写楽だとし、第二期以降は別人たちによる工房制作だとする複合説もある。ただし、この説にも確証はない……。

**「写楽は誰か」については、なんと三十以上の説がある。**蔦重が写楽とともに成し遂げようとした浮世絵革命は残念ながら不発に終わったが、後世に「浮世絵の傑作」と「写楽の謎」を残したことだけは確かだ。
今頃、本物の写楽はあの世でほくそ笑みながら、「オレの正体を探ろうなんて、素人のくせに**しゃらくせえ**」ってうそぶいてるだろうよ。

# 蔦重の「あっけない最期」とファミリーたちのその後

「江戸わずらい」(脚気)により、蔦重死す
まだ四十八だぜ、勘弁~
蔦屋重三郎の二代目、継がせていただきやす
番頭の勇助か!頼んだぜ~
馬琴や一九が大活躍してらぁ!
馬琴『南総里見八犬伝』
弥次喜多
仁
智
孝
オレが見込んだだけのことはあるぜ
うんうん
一九『東海道中膝栗毛』
稀代のプロデューサー、蔦屋重三郎!死んで花実が咲くものか
蔦重は四代目で店じまいサ

写楽に傾倒していく蔦重に対して歌麿は袂を分かち、蔦重にあてつけるかの如く多くの傑作を発表していった。

前にも紹介した「吉原の花」と題された肉筆画は、縦二メートル、横二・七メートルにも及ぶ畢生《ひっせい》の大作。豪商に頼まれて描いたというこの作品に象徴されるように、歌麿には蔦重以外にもスポンサーが付いていた。その余裕もあってか、今まで誰も題材にすることはなかった吉原遊郭の最下層の女性たちを描いた作品も作成している。

しかし、蔦重が写楽の売り出しに失敗した翌年には早くも復縁し、蔦重のもとで、遊女の一日を描いた十二枚揃の名作『青楼十二時《せいろうじゅうにとき》』を発表した。

**よしっ、イケるぜ。やっぱり歌麿は最高だ!!**

再び歌麿とのコンビ復活で暴れまくる蔦重は、時代の寵児として次々にヒット作を打ち出していく。それに対して幕府は蔦重の成功を追いかけ、潰すことが目的のように次々と禁令を発していく。

しかしその逆風は、蔦重にしてみれば順風にすら感じられた。**「寛政の改革」**で痛

**めつけられたものの、べらぼうめ！　と立ち上がり、さらなる高みを目指した蔦重。**

ところが、病魔が突然襲い掛かった。

**一七九六（寛政八）年、当時「江戸わずらい」と呼ばれた脚気《かっけ》に罹り、翌一七九七（寛政九）年五月六日、四十八歳で永眠した。**

今までの疲れが一気に押し寄せちまったのか、あっけない死だった。

## 蔦重の死後も傑作を発表し続ける歌麿だったが…

蔦重の死後も、歌麿は傑作を発表し続けた。

歌麿にとって絵を描き続けることが蔦重への供養だった。しかし、お上《かみ》は許しちゃくれなかった。蔦重が亡くなって三年後、一八〇〇（寛政十二）年に「世の風紀を乱すもの」として、春画はもちろん美人大首絵の制作まで禁じられてしまった。

「てやんでい！　こうなりゃ意地でも負けねぇ」……歌麿は「その手は桑名《くわな》の焼き蛤《はまぐり》」とばかりに、巧妙に法の網の目をかいくぐって美人画を描き続けた。

しかし、**幕府は歌麿をマークし続け、一八〇四（文化元《ぶんか》）年五月、ついに逮捕にこ**

**ぎつけた。**罪は美人画や春画を描いたことではなかった。

当時、豊臣秀吉《とよとみひでよし》を扱うことは禁止だったにもかかわらず、歌麿が秀吉の「醍醐《だいご》の花見」を題材に「太閤五妻洛東遊観之図《たいこうごさいらくとうゆうかんのず》」を描いたことを咎めた。

歌麿は捕縛されて入牢《にゅうろう》の憂き目に遭い、手鎖《てじょう》五十日の処分を受けちまった。オイラと同じ刑だ。この刑は予想以上にこたえる。

ショックを受けた歌麿は気力も体力も奪われて病気になったが、そのやつれ果てた姿を見て、回復の見込みがないと感じた版元たちからの依頼が殺到したという。まったくひでぇもんだ、蔦重ならそんなことは絶対にしなかったはずだ。

気が付くと歌麿もすでに五十路《いそじ》の坂を越えていた。師の石燕や春町はとうに亡くなり、喜三二や赤良などの先輩たちも次々に引退していた。蔦重の死を乗り越えて多くの傑作浮世絵を描き続けてきたものの、真に気の置けない友はいなくなっていた。


**もう一度「合点承知之助‼」って言わせてくれよ、アニキ……。**

版元たちからの大量の依頼を義務的にこなしながら、歌麿は確実に寿命を縮めていった。**最期《さいご》は心身ともにボロボロになり、一八〇六（文化三）年に没した。**享年は推定五十四。蔦重の死から十年と経ってねぇ。悲しいこった。

## 酒井抱一、出家して「江戸琳派の祖」となる

「寛政の改革」と蔦重の死をきっかけに、人生を大きく変えた人物がいる。

**酒井抱一**のことを覚えているだろうか。名門姫路《ひめじ》藩主酒井家の次男で、狂名「尻《しり》焼猿人《やけのさるんど》」。若くして狂歌師としてデビューし、蔦重をはじめ諸先輩に可愛がられた才人だ（163ページ参照）。

抱一が三十歳を過ぎた頃、兄が急死し、その息子が家督を継ぐことになって、抱一は酒井家にとって不要の人物となった。そこへもってきて「寛政の改革」で出版統制が厳しくなったことも重なり、思うところあって抱一は三十七歳にして出家した。

表舞台から退いた抱一だったが、生来の色好みが収まったわけではなく、出家したのちも吉原通いは続け（笑）、愛する遊女を身請けした。

遊女を身請けするにはとんでもないお金が必要だったが、そこは腐っても酒井家次

男坊、余裕で遊女を身請けして同棲した。その後、尾形光琳《おがたこうりん》に私淑《ししゅく》していた抱一は、四十歳を超えてから一念発起し、本気で絵画に取り組んだ。**多才だが飽き性だった「尻焼猿人」から、その道一筋を意味する「抱一」**※**へと号を変えた。**

　このとき、蔦重はすでに亡くなっていたが、抱一はその後も精進《しょうじん》し、尊敬する光琳百回忌を開催するなど、**江戸琳派《りんぱ》**※**の祖となった。**その画風は大胆な構図、金箔《きんぱく》や銀箔を使った背景など、琳派の装飾的な様式を受け継ぎつつ、洒脱《しゃだつ》で都会的なセンスを持ち、優雅で気品溢れる独自の作風を確立した。鈴木其一《すずききいつ》ほか多くの門人も育て、一八二八（文政《ぶんせい》十一）年に六十八歳で亡くなった。なかなか立派な人生を過ごしたもんだ。

※「抱一」……『老子《ろうし》』にある「聖人は一を抱きて天下の式《のり》と為《な》る」の一節から取った。意味は「聖人は一つの道（道徳）を守って世の模範となる」。

※「江戸琳派」……「琳派」は師や流派に弟子入りして修業するのではなく、「私淑」という形で画技を習得する独特のスタイルを取る。その源泉は、江戸初期の俵屋宗達《たわらやそうたつ》にさかのぼる。宗達の作品を約百年後に見た尾形光琳が師と仰いで遺風を継承し、さらに約百年後に酒井抱一が宗達と光琳を手本にして画風を受け継いで、「江戸琳派」として独自の画風を確立した。

## 狂歌界の重鎮、四方赤良は幕臣として出世！

江戸狂歌界最大の大物だった四方赤良が、定信の「寛政の改革」を機に狂歌の筆を折ったことはすでに述べた。

喜三二や春町、そしてオイラや蔦重と違って、お上に無茶に盾突くことをしなかったのは賢さの表れ。まあ、大見世の花魁《おいらん》を身請けしてすっからかんになっちまった赤良としては、おまんまの食い上げになるから、あまり無茶しなかったんだろう。それ以降の赤良は、幕臣としての職務に励みながら、大田南畝の名で随筆などを執筆するにとどまった。

**一七九四（寛政六）年、四十五歳になった南畝は一念発起し、「寛政の改革」で創設された人材登用試験である「学問吟味《がくもんぎんみ》」を受験することにした。**

この試験は成績優秀者を優先的に登用するものだった。すでに四十歳を超え、しかも有名人だった南畝だったが、恥を捨てて挑んだこの試験で**トップ合格**を果たし、そのわずか二年後には、「支配勘定《しはいかんじょう》※」に任用されて世間をあっと驚かせた。まあ、南畝ほどの才人だ、自信はもちろん、なにより意地があったのサ。

一八〇一（享和元《きょうわ》）年に大坂銅座《どうざ》に赴任したとき、中国で銅山のことを「蜀山《しょくさん》」と呼ぶことを知って「蜀山人《しょくさんじん》」と号し、再び狂歌を詠み始めた。

冥途《めいど》から もしも迎えが 来たならば 九十九まで 留守と断れ

こう詠んでいた蜀山人だったが、一八二三（文政六）年に七十五歳で亡くなった。

蜀山人の初期の狂名である「四方赤良」は、当時江戸で売られていた銘酒「四方の赤《あから》（酒）」にちなんでつけたといわれている。どうせなら、その酒を飲んでポックリ死んじまったんなら粋な死に方だと思うが、道で転んで怪我をしたのがもとで亡くなったというんだから、ちょっと浮かばれねぇ。

ただ、死ぬ少し前に女性と芝居見物し、酒を飲み、茶漬けを食べて漢詩・和歌・俳句・狂歌を律儀に残したってぇんだから、さすが大先生だ。辞世の狂歌も洒落ている。

今までは 人のことだと 思ふたに 俺が死ぬとは こいつはたまらん

※「支配勘定」……幕府で財政や民政を担当する勘定所において、課長～部長クラスに該当する。

※「『四方の赤（酒）』にちなんで」……「四方屋」の赤味噌から取ったという説もある。

## 曲亭馬琴、十返舎一九、葛飾北斎――蔦重が蒔いた種が開花

**初代の蔦屋重三郎が亡くなると、番頭だった勇助《ゆうすけ》が二代目の蔦屋重三郎を名乗った。**

ただ、この二代目もその次の三代目も初代の蔦重ほどの商才には恵まれず、苦しい経営のなか、持っていた板木《はんぎ》（版木）を売却しながらその場をしのいでいたが、幕末、四代目で蔦屋は店を閉じた。

一方、**生前の蔦重がその才能に目を付けて蔦屋の番頭にしていた、曲亭馬琴《きょくていばきん》や十返《じっぺん》舎一九《しゃいっく》は才能を開花させ、大活躍した。**

馬琴は生前の蔦重時代、耕書堂から出世作にあたる読本《よみほん》（伝記風小説）『高尾《たかお》船字《せんじ》文《もん》』を刊行した。その後、一八一四年（文化十一）年からライフワークの『南総里見《なんそうさとみ》八犬伝《はっけんでん》』に取り掛かり、二十八年の歳月を費やして完成させた。

一九も生前の蔦重時代、蔦重宅に寄食して筆耕・版下描きなどの出版の手伝いをしながら修業し、一七九五（寛政七）年に黄表紙を書いてデビューした。その後は挿絵も器用に自分で描いて自作画の本を作り、ジャンルも黄表紙のほか、洒落本、読本、人情本（庶民の色恋話）、狂歌集など多岐にわたって活躍していた。

一八〇二（享和二）年に「弥次喜多道中《やじきたどうちゅう》」とも呼ばれる『東海道中膝栗毛《とうかいどうちゅうひざくりげ》』が大ヒットして一躍流行作家となり、その後二十一年間にわたって続編を書き続けた。**ちなみに一九は、戯作執筆による収入だけで生計を立てた最初の人物ともいわれる。**

一九が書いた本のなかに登場する花魁が、至極の名言を残している。

**誠は嘘の皮、嘘は誠の骨、迷うも吉《よし》原、悟るも吉《よし》原。**

最後に、遅れてきた世界レベルの画家がいた。

二代目蔦屋は、狂歌絵本『潮来絶句集《いたこぜつくしゅう》』を出版した際、装丁が華美だということで処罰されているが、この本の挿絵を描いていたのは**葛飾北斎**だ。北斎は生涯で三万四千点を超える作品を残した。ピカソが生涯で残した十万点を超える作品数（ギネス記録）には及ばないが、一日一点描いたとしても九十年以上かかる大偉業だ。

読本『椿説弓張月《ちんせつゆみはりづき》』など、馬琴の作品の挿絵を数多く担当し、その実力を発揮して有名になった北斎だが、生涯を通じて生活は困窮し続け、黄表紙や洒落本の挿絵から浮世絵版画、そして肉筆画まで、頼まれればなんでも引き受けて描きに描いた。

## 『北斎漫画』で大ブレイク！　世界的画家の生涯

**画業一筋の北斎だが、号に関しては浮気者。**なんと三十以上も改号していて、代表的な号である「北斎」も、四十歳を過ぎた頃から数年間使用しただけにすぎない。有名な『冨嶽《ふがく》三十六景』を手掛け始めたのは「為一《いいつ》」と号した六十歳を超えた頃で、それが完成して上梓《じょうし》したときには七十五歳になっていた。そこで自らの半生を振り返った北斎は、新たに「画狂老人卍《がきょうろうじんまんじ》」と号し、画業の集大成を誓ったたってぇんだから、まったく元気なおじいちゃんだ。

大器晩成どころか八十歳を過ぎても「猫一匹まともに描けねぇ」と、娘の前で涙を流すほどの向上心と研究熱心さを持っていた北斎だが、あまりの熱心さに生活に関し

葛飾北斎の最高傑作『冨嶽三十六景』のうち「神奈川沖浪裏」。
力強い大波と静かにたたずむ富士山の構図は、世界中を魅了する。

てはまったくの無頓着。着の身着のままはいいとしても、厠（トイレ）にも行かず、手もとに尿瓶《しびん》を置いて用を足し、ひたすら作品制作に没頭していたという。そのためゴミ屋敷と化し、怒った大家からたびたび追い出されて、生涯で九十三回も転居したといわれている。

そんな**画狂老人卍北斎の評価は、日本では近代に至るまで歌麿や写楽以下の「浮世絵師の一人」という位置づけ**だった。ところが、十九世紀後半にヨーロッパで流行した日本趣味（ジャポネズリー）のなかで、『北斎漫画』がフランス印象派の芸術家たちに受容され、浮世絵とともに大きな影響を与えたことで「ジャポニズム」へと発展し、北斎の名は海外で一躍有名になったのよ。

『北斎漫画』は絵の描き方を習う「絵手本」と呼ばれる画集で、そこには人物や動植物はもちろん、日常見られる生活の風景や諸事、名勝から歴史上の人物、果ては妖怪・幽霊に至るまで四千点を超える超～個性的な絵が描かれていた。国際的に『ホクサイ・スケッチ』の名で親しまれるようになった『北斎漫画』の評価は、うなぎ昇りだ。

それにともなって**日本でも北斎が再評価**されることになった。逆輸入の形でしか北斎の絵師としての才能がわからなかったってーんだから、日本人の目は節穴だといわれても仕方ない。まあ、それもこれも天才プロデューサー蔦重が早世しちまったのが痛かったね。

**北斎は、亡くなる直前まで絵筆を執り続け、膨大な絵を描き残し、世界的に評価される絵師＝画家となった。**享年九十。大往生だ。

それにしても、曲亭馬琴、十返舎一九、葛飾北斎ら錚々たるメンバーに目を付けていた蔦重。もし長生きして彼らと一緒に仕事をしていたら、どれほどの偉業を成していただろう、そう思うと残念でならねぇ。

## 吉原遊女を二度目の身請け、ライバルに刺激を受けた京伝

**一七九七（寛政九）年に蔦重が亡くなったとき、オイラこと山東京伝はまだ三十七歳だった。**まだまだ元気だし、なんとかして飯を食っていかなきゃならねぇ。

オイラの真骨頂は、なんといっても黄表紙と洒落本だ。世相を斬り、幕府を皮肉り、遊郭を舞台に面白おかしいことを書くのが商売よ。蔦重が死んだのもこたえたが、最愛の連れだった「お菊」に死なれて独り身になったのも淋しかった。

そこで四十を迎えた一八〇〇（寛政十二）年に、吉原遊女の玉《たま》の井《い》（「百合《ゆり》」と改名）を二十両で身請けして再び所帯を持つ身になった。苦界《くがい》で磨かれた精神美を持つ女性、そして互いに愛し合うことのできる女性と二度も結婚できたオイラは幸せ者だ。

ちょっと元気になったオイラは、弟子格の馬琴に影響されて読本の分野にも挑戦した。経営する京屋《きょうや》（京伝店《きょうでんだな》）では、自らデザインした粋な煙管《きせる》を売ったり、善光寺《ぜんこうじ》の出開帳《でがいちょう》に合わせて浅草にお店を出して菓子を売ったりと、商才も発揮したもんよ。

蔦重の所に居候していた若造の一九が『東海道中膝栗毛』を大ヒットさせるのを横

目で見ながら、一九のような面白おかしい滑稽本《こっけいぼん》を書いてみたりと、あらゆるジャンルに挑戦しつつ齢《よわい》を重ねていった。

ただ、すでに強力なライバルに成長していた馬琴が、超大作『南総里見八犬伝』を書き始めたのには刺激を受けた。馬琴とはこの頃、仲たがいしていたから「負けるわけにはいかねぇ!!」と、再び創作意欲に火が付いた。

## 京伝の死後、馬琴の評伝に書かれていたことは――

一八一六（文化十三）年九月六日、オイラは弟の京山《きょうざん》宅で仲間と楽しく酒を飲んでの帰り道、「胸がいてぇ」と言って倒れたきり、連れの百合※の必死の手当ても虚しく、そのまま帰らぬ人となった。享年五十六。

「江戸最大の通人山東京伝」の最期がこれじゃあ、なんとも悔しい。酒を飲む数時間前まで熱中して筆を走らせていた作品は未完となっちまった。

オイラの死後、仲たがいしていた**馬琴が、『伊波伝毛乃記《いはでものき》』と題したオイラの評伝を書いてくれた。**ところが、読んでみると嘘っぱちだらけ、嘘を築地《つきじ》の御門跡《ごもんぜき》だ。本当のことを言いてぇが、なにせこちとら、すでに三途《さんず》の川を渡っちまったから、どうしようもねぇ。

まあ、それでも本のタイトルを自虐的に「いわでものき」＝「言わないでいいことを言っちまった」としたあたり、馬琴のセンスには、まいった参った成田山《なりたさん》。

※「百合」……後妻の百合は京伝の死にショックを受け、一年半後に狂死したと伝えられる。享年四十一。

## 蔦重の墓碑に刻まれた言葉とは

蔦重は、一七九七（寛政九）年五月六日、四十八歳の若さで永眠した。

蔦重の訃報が届いたとき、盟友だった宿屋飯盛は深い悲しみに暮れた。このとき、飯盛はある事件※に巻き込まれ江戸払《えどばらい》となっていたが、その間に古典文学研究に打ち込み、『源氏物語《げんじものがたり》』の研究書や、古語の用例集などを上梓して国学者石川雅望《いしかわまさもち》として名を成していた。

「まだ四十八歳じゃねぇか。若すぎるぜ蔦重……」。自分にできることは何かないかと思った飯盛は、**蔦重の墓碑「喜多川柯理墓碣銘」**※に次のような碑文を書いた。碑には漢文で刻んであるが、ここでは書き下し文で紹介しよう。

**志気英邁《えいまい》にして細節《さいせつ》を修めず。人に接するに信を以《もっ》てす。**

「蔦重は、意気盛んで才知に富み、度量が大きくて細かいことにこだわらない人物だった。人に接するときは信義を最も大切にした」という意味だ。

短いながら蔦重への想いが溢れていて、まったくもって泣けてくらぁ。

※「ある事件」……一七九一（寛政三）年、幕府の御用宿《ごようやど》（公事宿《くじやど》）にまつわる不正疑惑に家業の旅籠《はたご》が巻き込まれて無実の罪を得、江戸払となるが復帰。

※「喜多川柯理墓碣銘」……「喜多川」というのは蔦重が七歳のときに養子に出された蔦屋本家のこと。「柯理」は蔦重の幼名。「墓碣銘」とは、墓碑にその人の功績を記したもの。

# 無駄口には江戸っ子の遊び心が満載！

映画『男はつらいよ』に出てくるフーテンの寅さんの台詞で、

**結構毛だらけ猫灰だらけ、けつの回りは糞《くそ》だらけ!!**

という、ちょっと下品に感じられる物売りの口上《こうじょう》（啖呵売《たんかうり》）があります。

「（たいへん）結構」と言って終わりにすればいいものを、そこで止まらず「毛だらけ」と続け、さらに加速して「猫灰だらけ」と洒落言葉を付け足し、最後にちょっとお下品に「けつの回りは糞だらけ」とオチを付けて笑いを誘うのです。

「『け』っこう」と「『け』だらけ」は同音で始まる語を重ね（韻《いん》を踏み）、リズムとテンポをよくしているとわかりますが、**では「猫灰だらけ」ってなに？**　ですよね。

実はその昔、各家庭には竈《かまど》があり、火の始末をしたあとに猫が暖を取ろうと竈の灰の中にもぐり込んで灰だらけになることが多かったため、実際に「猫灰だらけ」になっている姿を見たことがあったのです。

今となってはそんな光景を目にすることはなくなってしまい、言葉のみが残っていますが、こうした言葉遊びを「**無駄口**（**地口**《じぐち》**・洒落**《しゃれ》）」とか「**付け足し言葉**」といって、十九世紀以降の江戸っ子が好んで使っていました。

その後は「がまの油売り」や「バナナの叩き売り」など、いわゆる香具師《やし》（的屋《てきや》）など、物売りの口上として昭和初期くらいまではよく用いられていましたが、最近ではとんと聞かれなくなりました。

ただ「無駄口」は日常の生活に入り込んでいて、「驚き（木）桃《もも》の木山椒《さんしょう》の木」「感謝感激雨あられ」あたりは、聞いたことがある人も多いと思います。地名が読み込まれている「恐れ入谷《いりや》の鬼子母神《きしもじん》」は誰もが知っている有名なものでしょう。

人と会話するときに、ただストレートに意思を伝えるだけじゃあ味もそっけもねぇ、と思った江戸っ子は、こうした言葉遊びを会話に入れて空気を和ませ、コミュニケーションの潤滑油としました。

今となっては死語も多く、また理解できない言葉もたくさん含まれていますが、この本ではナビの山東京伝が、洒落っ気を加えるために無駄口を叩いています。

こうした言葉は急速に廃れてしまい、残念ながら今や消え去ろうとしています。日常では聞かれなくなり、意味がわかりにくいものが多いので、解説付きで五十音順に一覧にしました。ぜひご参照ください。

1 **会いに北野の天満宮《てんまんぐう》**……「来たの」→「北野」天満宮。

2 **当たりき車力《しゃりき》車引き**……「あたりまえ」の職人言葉「あたりき」。「りき」つながりで「車力」。以下は連想。「あたりき車力のコンコンチキ」ともいう。

3 **蟻《あり》が鯛《たい》なら芋虫《いもむし》ゃ鯨《くじら》**……「ありがたい」の「あり」を「蟻」に、「たい」を「鯛」に掛けた。「蟻が鯛の大きさなら、芋虫は鯨の大きさになる」。「蟻が十《とお》なら、芋虫や二十《はたち》」ともいう。

4 **いやじゃ有馬《ありま》の水天宮《すいてんぐう》**……「ありま」→「有馬」の水天宮（日本橋蠣殻町《かきがらちょう》の水天宮は、もともと久留米《くるめ》藩主有馬家の藩邸内にあった）。

5 **言わぬが花の吉野山**……「花」からの連想で、桜の「花」で有名な奈良の吉野山。

6 **嘘を築地《つきじ》の御門跡《ごもんぜき》**……「(嘘を)つき」→「築(地)」(築地本願寺《ほんがんじ》のこと)。

7 **馬勝った、牛負けた**……「馬勝った」→「美味かった」。「牛」は対比。

8 **裏山椎《しい》の木山椒《さんしょう》の木**……「うらやましい」→「裏山椎」。

9 **美味《おい》しかった、吉良《きら》負けた**……「美味し」→「大石《おおいし》」。『忠臣蔵《ちゅうしんぐら》』の大石内蔵助《くらのすけ》(勝った)と吉良上野介《こうずけのすけ》(負けた)。

10 **大あり名古屋の金の鯱《しゃちほこ》**……「大あり」→「尾張《おわり》」→名古屋名物「金の鯱」。

11 **恐れ入谷の鬼子母神**……「いりや」を地名の「入谷」に掛け、同地にある「鬼子母神」と続けた。

12 **お茶の子さいさい河童《かっぱ》の屁《へ》**……語源はいくつか説がある。「屁の河童」ともいう。「朝飯前」同様、物事がたやすく行える様子。

13 **おっと合点承知之助《がってんしょうちのすけ》**……「合点だ(=納得した)」と「承知した」という語を二つ重ねて人名に掛けた洒落。

14 **驚き桃の木山椒の木**……「驚き」の「き」に「木」を掛けてリズムよく続けた。

15 **感謝感激雨あられ**……言葉を相手に浴びせるように、たいへん感謝し感激していること。「乱射乱撃雨霰《らんしゃらんげきあめあられ》」のもじり。「乱射乱撃雨霰」は、日露戦争中に商船「常陸丸《ひたちまる》」がロシア軍艦に一方的に砲撃されて沈没した悲劇を歌った琵琶《びわ》歌《うた》『常陸丸』の歌詞の一部。

16 **堪忍信濃《かんにんしなの》の善光寺《ぜんこうじ》**……「(堪忍)しな」↓「信(濃)」。善光寺は信濃(長野)の有名なお寺。

17 **結構毛だらけ猫灰だらけ(けつの回りは糞だらけ)**……259〜260ページ参照。

18 **ごめんろくめんゆるしちください**……「五、六、七(しち)」と数が進む。

19 **冗談はよしのすけ/冗談はよしこちゃん**……「じょうだんはよし(な)」に名前を掛けた。

20 **すいま千年、亀は万年**……「(すいま)せん」↓「千(年)」に「鶴は千年、亀は万年」の後半を付け足した。

21 **そうか越谷千住《こしがやせんじゅ》の先よ**……「そうか」↓地名の「草加」(埼玉県)を掛け、以下地名の「越谷・千住」を続けた。

22 **そうで有馬の水天宮**……「(そうで)ありま(す)」↓「有馬(の水天宮)」。

23 **そうは烏賊《いか》のキンタマ**……「(そうは)行か(ない)」↓「烏賊(の金玉)」。

24 **そうは問屋《とんや》が卸《おろ》さない**……「そんな安い値段じゃあ、問屋が卸してくれないよ」⇓「簡単には相手の思い通りには応じられない」。「そうは問屋がおろし大根」「そうは問屋の下ろし金」ともいう。

25 **その手は桑名《くわな》の焼き蛤《はまぐり》**……「食わな（い）」↓「桑名」（三重県）の名物「焼き蛤」。

26 **たまげた駒下《こまげ》駄《た》東下駄《あずまげた》**……「げた」↓「下駄」の韻を踏んで語を続けた。

27 **田《て》へしたもんだ蛙《かわず》のしょんべん**……大したもんだが、田にする蛙のしょんべん程度の価値だという皮肉。

28 **敵もさるもの引っ掻《か》くもの**……「さる（もの）」↓「猿」。「引っ掻くもの」は猿からの連想。

29 **どうぞかなえて暮《くれ》の鐘《かね》**……「（どうぞかなえて）くれ」↓「暮（の鐘）」。

30 **とんだ所へ北村大膳《きたむらだいぜん》**……「来た」↓人名「北（村）」。

31 **とんだ目に太田《おおた》道灌《どうかん》**……「遭うた」↓人名「太田（道灌）」。

32 **どんなもんだ広徳寺《こうとくじ》の門だ**……「もんだ」↓「門だ」。「広徳寺」は上野下谷にあったが現在は練馬区桜台に移転。

33 **何か用か九日十日《ここのかとおか》**……「何か用か」↓「七日《なぬか》八日《ようか》」。以下続けた。

34 **何か妖怪、お化けかい**……「用かい」↓「妖怪」。以下連想。

35 **なんだ神田の大明神《だいみょうじん》**……「（なんだ）かんだ」↓「神田」。以下、神田にある神社の名前を付け足した。

36 **日光、結構、もう結構**……「こう（光・構）」の韻を踏んで言葉を続けた。

37 **罰《ばち》（撥《ばち》）が当たれば太鼓で受ける**……「罰」と太鼓の「撥」を掛けて続けた。

38 **腹が空いて北山時雨《きたやましぐれ》**……「きた」＋地名「北（山）」。「北山時雨」は京都の北山あたりで降る時雨。

39 **びっくり下谷の広徳寺**……「（びっくり）した」↓地名「下谷」にある広徳寺の壮大さを見て「びっくりした」。

40 **平気の平左衛門《へいざえもん》**……「平（気）」↓人名「平（左衛門）」。

41 **まいった参った成田山**……成田山新勝寺《しんしょうじ》は千葉県成田市にある有名なお寺。

42 **真っ平御免素麺《ごめんそうめん》冷や素麺**……「めん（免・麺）」の韻を踏んで言葉を続けた。

43 **見上げたもんだよ屋根屋のふんどし**……屋根屋は屋根の上にいるから見上げるしかない。「褒めたかないけど、こればっかりは負けるよ」という意味。

44 **申し訳有馬温泉**……「ありません」↓「有馬（温）泉」。

45 **余裕のよっちゃん**……「よ」の韻を踏む。「よっちゃん」に意味はない。

46 **よろしく三十六**……「しく」↓「四×九」＝三十六。

# 蔦屋重三郎の関係略年表

※蔦屋重三郎の年齢は数え年

| 西暦 | 和暦 | 蔦重年齢 | 事項 |
|---|---|---|---|
| 一七五〇 | 寛延三 | 1 | 蔦重生まれる |
| 一七五六 | 宝暦六 | 7 | 蔦重、両親の離婚で喜多川氏の養子になる |
| 一七六七 | 明和四 | 18 | 田沼意次が家治の側用人となる（〜一七八六、田沼時代） |
| | | | 大田南畝（四方赤良）『寝惚先生文集』 |
| 一七六九 | 六 | 20 | 初めての狂歌会が催される |
| 一七七二 | 九 | 23 | 田沼意次、老中に就任 |
| | 安永一 | | 蔦重、吉原大門前に書店「耕書堂」を構える |
| 一七七三 | 二 | 24 | 蔦重、「吉原細見」の卸と小売り |
| 一七七四 | 三 | 25 | 杉田玄白・前野良沢らの『解体新書』が刊行される |
| | | | 北尾重政『一目千本』 |
| 一七七五 | 四 | 26 | 北尾重政『急戯花乃名寄』 |

| | | | | |
|---|---|---|---|---|
| 一七七六 | | 五 | 27 | 蔦屋版「吉原細見」<br>恋川春町『金々先生栄花夢』<br>北尾重政・勝川春章『青楼美人合姿鏡』 |
| 一七七七 | | 六 | 28 | 平賀源内がエレキテルを復元する<br>朋誠堂喜三二『親敵討腹鞁』恋川春町画<br>蔦重、富本節の稽古本を手掛ける |
| 一七七九 | | 八 | 30 | 平賀源内、獄死<br>徳川家基、急死 |
| 一七八〇 | | 九 | 31 | 蔦重、往来物の出版を手掛ける |
| 一七八一 | 天明 | 一 | 32 | この頃、蔦重が四方赤良に会う |
| 一七八二 | | 二 | 33 | 天明の飢饉始まる(一七八二〜八七、八) |
| 一七八三 | | 三 | 34 | 蔦重、日本橋通油町に新たな「耕書堂」を構える<br>唐衣橘洲撰『狂歌若葉集』<br>四方赤良・朱楽菅江撰『万載狂歌集』<br>浅間山大噴火 |

| | | | |
|---|---|---|---|
| 一七八四 | 四 | 35 | 田沼意知が佐野政言に暗殺される |
| 一七八六 | 六 | 37 | 田沼意次が老中辞職 |
| 一七八七 | 七 | 38 | 江戸、大坂などで打ちこわしが起こる（天明の打ちこわし）<br>松平定信、老中首座となる（寛政の改革〜一七九三） |
| 一七八八 | 八 | 39 | 喜多川歌麿『画本虫撰』<br>朋誠堂喜三二『文武二道万石通』／藩主より叱責を受ける |
| 一七八九 | 寛政 一 | 40 | 恋川春町『鸚鵡返文武二道』／出頭を命じられる<br>恋川春町亡くなる<br>石部琴好『黒白水鏡』山東京伝画<br>山東京伝、過料（罰金）処分。石部琴好、江戸払<br>棄捐令 |
| 一七九〇 | 二 | 41 | 寛政異学の禁<br>書物問屋仲間に出版取締令。洒落本の版行禁止 |
| 一七九一 | 三 | 42 | 山東京伝『娼妓絹籭』『仕懸文庫』『錦之裏』発禁<br>京伝は手鎖五十日、版元の蔦重は身上半減の刑 |

| | | | | |
|---|---|---|---|---|
| 一七九二 | | 四 | 43 | 蔦重の母亡くなる<br>林子平『海国兵談』『三国通覧図説』発禁 |
| 一七九三 | | 五 | 44 | 松平定信が老中退任 |
| 一七九四 | | 六 | 45 | 東洲斎写楽の版画全作品（一七九四年五月～九五年一月） |
| 一七九五 | | 七 | 46 | 約十カ月の間に、蔦重は写楽作品百四十五点余りを版行 |
| 一七九七 | | 九 | 48 | この頃、喜多川歌麿『青楼十二時』<br>蔦重亡くなる |
| 一八〇二 | 享和 | 二 | | 十返舎一九『東海道中膝栗毛』（～一八一四） |
| 一八〇六 | 文化 | 三 | | 喜多川歌麿亡くなる |
| 一八〇七 | | 四 | | 曲亭馬琴『椿説弓張月』葛飾北斎画（～一八一一） |
| 一八一四 | | 十一 | | 曲亭馬琴『南総里見八犬伝』（～一八四二） |
| 一八一六 | | 十三 | | 山東京伝亡くなる |
| 一八二三 | 文政 | 六 | | 四方赤良（大田南畝）亡くなる |
| 一八二八 | | 十一 | | 酒井抱一（尻焼猿人）亡くなる |
| 一八三〇 | | 十三 | | 宿屋飯盛（石川雅望）亡くなる |

◎参考文献
『新編日本古典文学全集79 黄表紙 川柳 狂歌』棚橋正博・鈴木勝也他、『教えてコバチュウ先生! 浮世絵超入門』小林忠(以上、小学館)/『江戸狂歌』なだいなだ、『江戸文藝攷 狂歌・川柳・戯作』浜田義一郎、『黄表紙・洒落本の世界』水野稔(以上、岩波書店)/『杉浦日向子ベスト・エッセイ』『江戸へようこそ』『お江戸暮らし』杉浦日向子、『江戸の戯作絵本 1・2』小池正胤(以上、筑摩書房)/『謎の絵師写楽の世界 東洲斎写楽全作品集』(講談社カルチャーブックス)/『大田南畝』浜田義一郎、『山東京伝』小池藤五郎(以上、吉川弘文館)/『吉原と江戸ことば考』棚橋正博(ぺりかん社)/『江戸の本づくし 黄表紙で読む江戸の出版事情』、『蔦屋重三郎』鈴木俊幸(以上、平凡社)/『田沼意次 その虚実』後藤一朗(清水書院)/『江戸落語事典 古典落語超入門200席』飯田泰子(芙蓉書房出版)/『江戸ことば・東京ことば 上・下』松村明(教育出版)/『べらんめぇ言葉を探る 江戸言葉・東京下町言葉言語学』横田貢(芦書房)/『江戸ことば百話』西山松之助(東京美術選書)/『蔦屋重三郎 江戸芸術の演出者』松木寛(日本経済新聞出版)/『江戸の卵は一個四〇〇円!』丸田勲(光文社知恵の森文庫)/『大江戸吉原御開帳』小菅宏・チャールズ後藤(ぶんか社文庫)/『別冊太陽』「蔦屋重三郎の仕事」、「歌麿決定版」浅野秀剛監修、「浮世絵師列伝」小林忠監修(平凡社)/『増刊歴史人 蔦屋重三郎とは、何者なのか?』(ABCアーク)/『図録 大吉原展』(東京藝術大学・東京新聞・テレビ朝日)

本書は、本文庫のために書き下ろされたものです。

# 眠《ねむ》れないほどおもしろい蔦屋重三郎《つたやじゅうざぶろう》

著　者　板野博行（いたの・ひろゆき）
発行者　押鐘太陽
発行所　株式会社三笠書房
〒102-0072　東京都千代田区飯田橋3-3-1
https://www.mikasashobo.co.jp
印　刷　誠宏印刷
製　本　若林製本工場

ISBN978-4-8379-3103-4　C0195



王様文庫